Cheng Li

Bürgschaft im chinesischen und deutschen Recht

Schriften zum Zivilrecht

Band 25

LIT

Cheng Li

Bürgschaft im chinesischen und deutschen Recht

LIT

Inaugural-Dissertation zur Erlangung des Doktorades der Rechte durch die Rechtswissenschaftliche Fakultät der Westfälischen Wilhelms-Universität zu Münster
Erster Gutachter: Prof. Dr. Reiner Schulze
Zweiter Gutacher: Prof. Dr. Petra Pohlmann
Tag des Rigorosums: 19. 08. 2013

Gedruckt auf alterungsbeständigem Werkdruckpapier entsprechend
ANSI Z3948 DIN ISO 9706

D 6

Bibliografische Information der Deutschen Nationalbibliothek
Die Deutsche Nationalbibliothek verzeichnet diese Publikation in der Deutschen Nationalbibliografie; detaillierte bibliografische Daten sind im Internet über http://dnb.d-nb.de abrufbar.

ISBN 978-3-643-12413-5
Zugl.: Münster (Westf.), Univ., Diss., 2013

Verlagskontakt:
Fresnostr. 2 D-48159 Münster
Tel. +49 (0) 2 51-62 03 20 Fax +49 (0) 2 51-23 19 72
E-Mail: lit@lit-verlag.de http://www.lit-verlag.de

Auslieferung:
Deutschland: LIT Verlag Fresnostr. 2, D-48159 Münster
Tel. +49 (0) 2 51-620 32 22, Fax +49 (0) 2 51-922 60 99, E-Mail: vertrieb@lit-verlag.de
Österreich: Medienlogistik Pichler-ÖBZ, E-Mail: mlo@medien-logistik.at
E-Books sind erhältlich unter www.litwebshop.de

Inhaltsverzeichnis

Abkürzungsverzeichnis

a.A.	anderer Ansicht
ACKSG	„Auslegungen zu einigen Fragen betreffende die Anwendung des CKSG“ von 2000
AcP	Archiv für die civilistische Praxis
a.F.	alte Fassung
AGZR	Allgemeine Grundsätze des Zivilrechts
Alt	Alternative
Art.	Artikel
AWVG	Chinesisches Außenwirtschaftsvertragsgesetz
BauR	Zeitschrift für das gesamte öffentliche und private Baurecht
BB	Betriebsberater
BGB	Bürgerliches Gesetzbuch idF der Bekanntmachung von 2. 1. 2002
BGH	Bundesgerichtshof
BGHZ	Entscheidungen des Bundesgerichtshofes in Zivilsachen
BKR	Zeitschrift für Bank- und Kapitalmarktrecht
BVerfG	Bundesverfassungsgericht
BVerfGE	Entscheidungen des Bundesverfassungsgerichtes
bzw.	beziehungsweise
CC	Französischer Code civil
CGesG	Chinesisches Gesellschaftsgesetz
CIGSLC	United Nations Convention on Independent Guarantees and Stand by Letters of Credit
CInsG	Chinesisches Unternehmensinsolvenzgesetz
CKSG	Chinesisches Kreditsicherungsgesetz
CVG	Chinesisches Vertragsgesetz
DB	Der Betrieb
ders., dies.	derselbe, dieselbe, dieselben

d. h.	das heißt
DNotZ	Deutsche Notar-Zeitschrift
et al.	et alii
etc.	et cetera
EuGH	Europäischer Gerichtshof
e.V.	eingetragener Verein
EWG	Europäische Wirtschaftsgemeinschaft
f., ff.	folgende, fortfolgende
Fn.	Fußnote
GesGebG	Gesetzgebungsgesetz
GG	Grundgesetz
ggf.	gegebenenfalls
GMD	die Partei „Guomindang“
GVG	Gerichtsverfassungsgesetz
HGB	Handelsgesetzbuch
HWiG	Haustürwiderrufsgesetz
h.M.	herrschende Meinung
Hrsg.	Herausgeber
ICC	International Chamber of Commerce
idF	in der Fassung
ieS	im engeren Sinne
iwS	im weiteren Sinne
InsO	Insolvenzordnung
i.S.d	im Sinne des
i.V.m.	in Verbindung mit
JR	Juristische Rundschau
Jura	Juristische Ausbildung
JuS	Juristische Schulung. Zeitschrift für Studium und Ausbildung
JZ	Juristenzeitung
JZGB	Japanisches Zivilgesetzbuch

lit.	littera
MDR	Monatsschrift für Deutsches Recht
Mrd.	Milliarde
n. Chr.	nach Christus
n.F.	neue Fassung
NJW	Neue Juristische Wochenschrift
NJW-RR	Neue Juristische Wochenschrift-Rechtsprechungs-Report Zivilrecht
Nr.	Nummer
OLG	Oberlandesgericht
Prot.	Protokolle der Kommission für die zweite Lesung des Entwurfs des BGB
RGZ	Amtliche Sammlung von Entscheidungen des Reichsgerichts in Zivilsachen
RIW	Recht der internationalen Wirtschaft
Rn	Randnummer
RZGB	Russisches Zivilgesetzbuch
S	Seite/Satz
SaG	Chinesisches Sachenrechtsgesetz
ScheckG	Scheckgesetz
sog.	sogenannt
TVG	Chinesisches Technikvertragsgesetz
UmstG	Umsatzsteuergesetz
UN	United Nations
UNCITRAL	United Nations Commission on International Trade Law
UNIDROIT	Principles of International Commercial Contracts
URDG	Uniform Rules of Demand Guarantees
v. Chr.	vor Christus
vgl.	vergleiche
Vorbem.	Vorbemerkung
WG	Wechselgesetz

WM	Zeitschrift für Wirtschafts- und Bankrecht, Wertpapiermitteilungen
WVG	Chinesisches Wirtschaftsvertragsgesetz
z. B.	zum Beispiel
ZfRV	Zentrum für Recht- und Verwaltungswissenschaften
ZGB	Zivilgesetzbuch
ZGR	Zeitschrift für Unternehmens- und Gesellschaftsrecht
ZGS	Zeitschrift für das gesamte Schuldrecht
ZVglRWiss	Zeitschrift für Vergleichende Rechtswissenschaft

Erster Teil: Einleitung

A. Beziehung zwischen China und Deutschland

Am 11. Oktober 1972 wurde ein neues Kapitel in den chinesisch-deutschen Beziehungen aufgeschlagen. Denn an diesem Tag unterzeichneten der damalige Bundesaußenminister Walter Scheel und der chinesische Außenminister Ji, Pengfei in Peking das gemeinsame Kommunique über die Aufnahme der diplomatischen Beziehungen zwischen der Volksrepublik China und der Bundesrepublik Deutschland[1].
Seitdem in China die sozialistische Marktwirtschaft zusammen mit dem Abbau der Planungswirtschaft Anfang der 80er Jahre eingeführt wurde, intensivieren sich die Wirtschaftsbeziehungen zwischen China und Europa Jahr für Jahr. Im Herzen Europas gelegen, pflegt Deutschland besonders enge Beziehungen mit der Volksrepublik China. Heutzutage ist Deutschland der größte und wichtigste Handelspartner in Europa. In 2009 betrug das bilaterale Handelsvolumen 94 Mrd. Euro und erhöhte sich im Jahre 2010 um 38,4% auf 130,1 Mrd. Euro[2]. Das chinesisch-deutsche Handelsvolumen macht einen Anteil von 30% am gesamten Handelsvolumen zwischen China und Europa aus[3]. Bis heute haben mehr als 5000 deutsche Unternehmen ihre Niederlassungen oder Büros in China[4]. In

---

[1] „30 Jahre diplomatische Beziehungen zwischen China und Deutschland", unter http://www.chinatoday.com.cn/chinaheute/200210/10w1.htm, zuletzt abgerufen am 20. Juni 2012.

[2] „Beziehungen zwischen der Volksrepublik China und Deutschland", unter http://www.auswaertiges-amt.de/DE/Aussenpolitik/Laender/Laenderinfos/China/Bilateral_node.html, abgerufen am 20. Juni 2012.

[3] „Ansprache von Botschafter Wu Hongbo auf der Informationsveranstaltung ‚China als Partnerland der Hannover Messe 2012'", unter http://www.china-botschaft.de/det/dszl/baogao/t908831.htm, zuletzt abgerufen am 20. Juni 2012.

[4] Unter http://www.german-company-directory.com/ zuletzt abgerufen am 20. Juni 2012.

2010 betrug der Bestand der deutschen Direktinvestitionen in der VR China 0,9 Mrd. USD[5] und Deutschland ist momentan der größte europäische Investitionspartner Chinas. Im Gegenzug beliefen sich die chinesischen Direktinvestitionen in Deutschland im Jahre 2010 auf 0,4 Mrd. USD[6] und haben sich im Vergleich zu denen in 2004 verdreifacht. Die Beziehungen zwischen China und Deutschland erstrecken sich aber nicht nur auf den Bereich der Wirtschaft, sondern zunehmend auch auf den Bereich des Rechtswesens.

Das deutsche Zivilrecht ist seit 100 Jahren in China durchaus nicht fremd [7]. Vom „Entwurf des Zivilgesetzbuches der Großen Qing-Dynastie"[8] im Jahre 1911 bis dem Erlass des chinesischen Sachenrechtsgesetzes (SaG)[9] im Jahre 2007 lassen sich „Spuren" des deutschen Rechts nachweisen[10]. Der Aufbau des Zivilgesetzbuchs in Taiwan in China basiert auch auf dem deutschen BGB. Um ein eigenes Rechtssystem aufzustellen, hat China das deutsche Recht sowohl unmittelbar (durch die Rezeption der deutschen Rechtskonzepte und Rechtsbegriffe), als auch mittelbar (durch die Rezeption des japanischen Rechts, das wiederum stark vom deutschen Recht beeinflusst ist) eingeführt.[11] In den vergangenen 10 Jahren fanden umfangreiche juristische Kooperationsprogram-

---

[5] „Beziehungen zwischen der Volksrepublik China und Deutschland", unter http://www.auswaertiges-amt.de/DE/Aussenpolitik/Laender/Laenderinfos/China/Bilateral_node.html, abgerufen am 20. Juni 2012.

[6] „Beziehungen zwischen der Volksrepublik China und Deutschland", unter http://www.auswaertiges-amt.de/DE/Aussenpolitik/Laender/Laenderinfos/China/Bilateral_node.html, abgerufen am 20. Juni 2012.

[7] Schulze, S. 45.

[8] 《大清民律草案》. „Entwurf des Zivilgesetzbuches der Großen Qing-Dynastie" war das erste Zivilgesetzbuch in China, allerdings war es nur ein Entwurf. Es wurde nicht erlassen, weil die Qing-Dynastie bald zu Ende war.

[9] Das chinesische Sachenrechtsgesetz wurde am 16. Marz 2007 in der 5. Sitzung des X. Nationalen Volkskongress verabschiedet und trat am 01. Oktober 2007 in Kraft.

[10] Vgl. Schulze, S. 45.

[11] Vgl. Bu, Yuanshi, S. 4.

me an chinesischen und deutschen Hochschulen statt und die Kooperation wird sich in Zukunft sicherlich noch weiter intensivieren. Im Zusammenhang mit den wirtschaftlichen Aktivitäten und der vielfältigen Zusammenarbeit zwischen den beiden Ländern ist der Austausch der Rechtswissenschaft zunehmend wichtig und sinnvoll.

B. Funktion der Bürgschaft

I. Wirtschaftliche Funktion

Im Rahmen von wirtschaftlichen Aktivitäten will jeder Beteiligte sein eigenes Risiko möglichst gering halten. Das Risiko, das im Falle der Insolvenz des Hauptschuldners besteht, kann durch die Übernahme der Bürgschaft zwar nicht verringert, aber zumindest verteilt bzw. minimiert werden.[12] Denn das Risiko eines Forderungsausfalls wird durch einen Bürgschaftsvertrag vom ursprünglichen Gläubiger auf den Bürgen verlagert[13]. Die Sicherung eines vom Gläubiger dem Hauptschuldner gewährten Kredits im weitesten, wirtschaftlichen Sinn ist die wirtschaftliche Funktion der Bürgschaft.[14] Dies umfasst die Gewährung eines Gelddarlehens (Kredit ieS) sowie alle möglichen Geschäfte, bei denen der Gläubiger eine Forderung erhält, deren Erfüllung aber hinausgeschoben ist, so dass der Gläubiger das Risiko der Nichterfüllung trägt und insofern dem Hauptschuldner Kredit (iwS) einräumt.[15]

In der Praxis kommt es häufig vor, dass der Gläubiger sowohl auf das Vermögen des Schuldners als auch auf das Vermögen des Bürgen zugreifen kann[16]. Als ein typisches Instrument der Personalsicherheit ist die

[12] Müller, S. 40.
[13] Müller, S. 40.
[14] Staudinger/Horn, Vorbem. zu §§ 765-778, Rn. 2.
[15] Staudinger/Horn, Vorbem. zu §§ 765-778, Rn. 2.
[16] Medicus/Lorenz, S. 328.

Bürgschaft heute für die wirtschaftlichen Aktivitäten unersetzlich[17]. Sie ist insbesondere dann unentbehrlich, wenn von Seiten eines Vertragspartners nicht genügend Vertrauen in die Zahlungsfähigkeit der anderen Partei besteht, vor allem bei der Gewährung von langfristigen Krediten, ohne dass reale Sicherheiten gegeben werden können.[18] Die Bürgschaft, durch die der Kreditumfang vergrößert werden kann[19], ist ein wichtiges Finanzierungsmittel im internationalen Handel geworden.

II. Vorteile der Bürgschaft

Bei den Kreditsicherungsinstrumenten wird zwischen Personal- und Realsicherheiten unterschieden. Die Bürgschaft ist die wichtigste Form der Personalsicherheit. Sie beruht auf der Kreditwürdigkeit und dem Wert des Gesamtvermögens des Bürgen. Demgegenüber basiert die Realsicherheit auf dem Tauschwert des Sicherungsgegenstandes (Eigentum des Sicherungsgebers)[20]. Im Vergleich zur Realsicherheit hat die Bürgschaft drei wesentliche Vorteile:

1. Im Gegensatz zur Realsicherheit, bei der mehrere Voraussetzungen (z. B. schuldrechtlicher Vertrag, dingliche Bestellung) unentbehrlich sind, ist für die Bürgschaft lediglich eine schuldrechtliche Vereinbarung erforderlich.
2. Auch der Vollstreckungsprozess gestaltet sich bei der Bürgschaft wesentlich einfacher und praktischer[21]. Bei der Zwangsvollstreckung der Realsicherheit hingegen müssen die Gegenstände der Sicherung durch den zuständigen Notar bewertet werden. Wenn die Vertragspartner sich nicht über den Veräußerungswert des Sicherungsge-

---

17 Reinicke/Tiedtke, Kreditsicherung, S. 25; Larenz/Canaris, S. 3; Medicus/Lorenz, S. 328.
18 Giesen, Jura 1997, S. 65.
19 Holznagel, S. 20.
20 Li, Mingfa, S. 1 im Vorwort.
21 Zhu, Fan, S. 17.

genstands einigen können, ist ein Auktionsprozess erforderlich. Bei der Bürgschaft können diese kostspieligen und komplizierten Prozesse vermieden werden.

3. Schließlich ist die Bürgschaft die am häufigsten angewandte Sicherungsart im Bereich des internationalen Handels. Denn es ist unzumutbar, dass der Gläubiger aus dem Ausland stammende Sicherungsgegenstände annimmt.[22] Das Sachenrecht ist in verschiedenen Staaten sehr unterschiedlich geregelt; die für die Vollstreckung nötige Bewertung und Eintragung der Gegenstände gestaltet sich daher sehr schwierig.

Aufgrund der hohen Kosten und aufwendigen Formalitäten sind Realsicherheiten im Welthandel daher eher unüblich.

C. Ziel und Gang der Untersuchung

I. Zielsetzung der Untersuchung

Während das chinesische Zivilrecht sich an dem kontinentaleuropäischen Recht, insbesondere dem deutschen Recht orientiert, werden deutsche Rechtskonzepte und Begriffe ins chinesische Rechtssystem übernommen. Allerdings sind einige Regelungen über die Bürgschaft in beiden Ländern unterschiedlich, weil sowohl die gesellschaftlich-politische Lage als auch die wirtschaftlichen und kulturellen Aspekte in China anders als in Deutschland sind. Die rasche Entwicklung der chinesisch-deutschen Beziehungen in vielen verschiedenen Bereichen bedarf des rechtswissenschaftlichen Austausches und der intensiven rechtswissenschaftlichen Zusammenarbeit.

Die Grenzen der Untersuchung werden vom Thema der vorliegenden Arbeit bestimmt. Die Untersuchung beschäftigt sich mit der Bürgschaft

[22] Zhu, Fan, S. 17.

im deutschen und im chinesischen Recht[23]. Allerdings werden die Regelungen der Bürgschaft in China und Deutschland nicht abstrakt miteinander verglichen. Diese Untersuchung soll vielmehr einen allgemeinen Überblick über die Bürgschaft liefern und auch die wichtigen, besonders in der Praxis bei der Bürgschaft auftretenden Rechtsfragen problematisieren. Durch die Arbeit soll eruiert werden, wie die Probleme der Bürgschaft nach deutschem Recht gelöst werden und inwieweit diese Lösungen dazu beitragen können, die derzeitigen Probleme mit der Bürgschaft im chinesischen Recht zu beseitigen. Das Ziel der vorliegenden Arbeit ist es also, vor dem Hintergrund des zunächst erörterten deutschen Bürgschaftsrechts das Bürgschaftsrecht des chinesischen Rechts im Überblick darzustellen und die damit verbundenen Rechtsprobleme ausführlich darzulegen, um anschließend einen Beitrag zum Austausch in der juristischen Praxis und zum Reformbedarf des chinesischen Bürgschaftssystems im Allgemeinen zu leisten.

II. Aufbau der Arbeit

Die Arbeit gliedert sich in fünf Teile. Nach einer Einleitung über die Beziehungen zwischen China und Deutschland, die Funktion der Bürgschaft und das Ziel der Arbeit gibt der zweite Teil einen Überblick über die Bürgschaft im deutschen Recht. Hierin werden zunächst der Begriff, die Art der Bürgschaft sowie die Abgrenzung zu anderen Sicherungsmitteln deutlich gemacht. Dann werden die Voraussetzungen der Wirksamkeit des Bürgschaftsvertrags, die Beziehungen des Bürgen zum Gläubiger und

---

[23] In seinen Ausführungen zum Prinzip „Ein Land, Zwei Systeme" erklärte Deng, Xiaoping (1904-1997, Chefarchitekt der chinesischen Reformpolitik) 1984, dass es auf dem Festland Chinas das sozialistische System geben werde und in Hongkong, Macau und Taiwan ihr kapitalistisches System beibehalten werden dürfe. Nach diesem Prinzip ist in China gegenwärtig kein einheitliches Rechtssystem zu finden, vielmehr sind in Hongkong, Macau, Taiwan und auf dem Festland jeweils eigene Rechtssysteme zu erkennen. In der vorliegenden Arbeit wird nur das Bürgschaftsrecht des Festlands von China dargestellt.

zum Hauptschuldner sowie die Bedingungen der Beendigung der Bürgschaft geklärt. Dabei widmet sich dieser Abschnitt ausführlich mit den Problemen der Sittenwidrigkeit, der Widerrufsmöglichkeit und der Verjährung.
Im dritten Teil wird eine ausführliche Analyse des chinesischen Bürgschaftsrechts vorgenommen. Zunächst werden die geschichtliche Entwicklung der chinesischen Zivilrechtskodifikation und die Rechtslage der Bürgschaft in Vergangenheit und Gegenwart aufgezeigt. Im Mittelpunkt der Analyse stehen die allgemeinen gesetzlichen Regelungen der Bürgschaft im chinesischen Kreditsicherungsgesetz und im chinesischen Vertragsgesetz, das Rechtsverhältnis zwischen Bürgen und Gläubiger sowie die Beziehung zwischen Bürgen und Hauptschuldner.
Im vierten Teil werden diejenigen Rechtsfragen über Zusammentreffen von Bürgschaft und Realsicherheiten und über Bürgschaft im Insolvenzverfahren, welche häufig in chinesischen Rechtsliteraturen diskutiert werden, im Rahmen eines Vergleichs analysiert.
In der Schlussbetrachtung werden Erwartungen an die Reform des chinesischen Bürgschaftsrechts in der Zukunft gestellt.

Zweiter Teil: Überblick über die Bürgschaft im deutschen Recht

A. Allgemeines

I. Begriff

Durch die Bürgschaft verpflichtet sich der Bürge gemäß § 765 I BGB gegenüber dem Gläubiger eines Dritten (Hauptschuldner), für die Erfüllung der Verbindlichkeit des Dritten einzustehen. Bei der Bürgschaft übernimmt der Bürge nicht eine fremde Schuld als eigene, sondern es wird vielmehr eine eigene Verpflichtung des Bürgen begründet, die neben der schon bestehenden fremden (Hauptschuld) steht.[24]

II. „Dreiecksverhältnis“

Der Bürgschaftsvertrag und der Hauptvertrag bilden gemeinsam ein Dreiecksverhältnis zwischen Bürgen, Gläubiger und Hauptschuldner[25]. In diesem Dreiecksverhältnis stehen dem Gläubiger daher zwei Forderungen zu, eine Forderung gegen den Hauptschuldner, die durch den Hauptvertrag begründet wurde, und eine andere gegen den Bürgen, die auf dem Bürgschaftsvertrag basiert.[26] Die Bürgschaft dient zwar der Sicherung der Forderung, die der Gläubiger gegenüber dem Hauptschuldner hat, sie ist aber eine selbstständige Verpflichtung. Von daher kann der Bürge bei der Übernahme der Bürgschaft nicht mit dem Hauptschuldner gleichgesetzt werden[27]. Die Bürgschaftsschuld ist ebenso wenig identisch mit der Hauptschuld[28].

---

[24] Erman/Herrmann, Vor § 765, Rn. 2.
[25] Larenz/Canaris, S. 2.
[26] Reinicke/Tiedtke, Kreditsicherung, S. 25.
[27] Holznagel, S. 30.
[28] Scholz/Lwowsi, Rn. 320.

Bei der Bürgschaft handelt es sich grundsätzlich um einen einseitig verpflichtenden Vertrag zwischen dem Bürgen und dem Gläubiger[29]. Die Bürgschaft kann aber auch durch einen gegenseitigen Vertrag (Austauschvertrag) übernommen werden, wenn die Vertragsparteien sich geeinigt haben, dass sich der Gläubiger zur Übernahme der Bürgschaft als Gegenleistung verpflichtet.[30]

Zwischen dem Hauptschuldner und dem Bürgen liegt auch meist ein Schuldverhältnis (z. B. unentgeltlicher Auftrag nach § 662 BGB, entgeltliche Geschäftsbesorgung nach § 675 BGB, Geschäftsführung ohne Auftrag nach §§ 677 ff. BGB oder Schenkung nach § 516 BGB) vor. Die Wirksamkeit des Bürgschaftsvertrags hängt nicht vom Rechtsverhältnis zwischen Hauptschuldner und Bürgen ab. Infolgedessen hat dieses keinen Einfluss auf den Bestand der Bürgenschuld, die beiden Rechtsverhältnisse sind getrennt voneinander zu beurteilen.[31]

Zwischen dem Gläubiger und dem Schuldner besteht ein Schuldverhältnis, aufgrund dessen der Gläubiger vom Schuldner eine Leistung verlangen kann. Nach § 765 I BGB kann der Vertragsgegenstand der Bürgschaft nur eine schuldrechtliche Verbindlichkeit sein. Dafür kommen dingliche Rechtsverhältnisse, wie z. B. Pfandrecht oder Hypothek nicht in Frage[32]. Der Bürge kann nur für das Schuldverhältnis einstehen, nicht aber z. B. für die Hypothek, durch die das Schuldverhältnis bereits gesichert ist.[33] In diesem Fall ist anzunehmen, dass Bürgschaft und Hypothek nur miteinander bestellt werden können, um gemeinsam eine Verbindlichkeit abzusichern.

---

[29] Staudinger/Horn, Vorbem. zu §§ 765-778, Rn. 5; Bülow, S. 275.

[30] Staudinger/Horn, Vorbem. zu §§ 765-778, Rn. 6; § 765, Rn. 148 ff.; MüKo/Habersack, § 765, Rn. 6; Erman/Herrmann, Vor § 765, Rn. 6.

[31] Westermann, Jura 1991, S. 449.

[32] RGZ 93, S. 234 (236); Erman/Herrmann, § 765, Rn. 3.

[33] Weber, S. 59.

B. Abgrenzungen

I. Abgrenzung zum Schuldbeitritt

Der Schuldbeitritt, der auch als Schuldmitübernahme oder kumulative Schuldübernahme bezeichnet wird, ist neben der Bürgschaft ein anderes Mittel der personalen Kreditsicherung.[34] Anders als bei der befreienden Schuldübernahme, die in §§ 414 ff. BGB geregelt ist, findet sich für den Schuldbeitritt im BGB keine entsprechende Regelung. Durch den Schuldbeitritt haftet der Beitretende für die bestehende Schuld des alten Schuldners gegen den Gläubiger. Nicht das Recht, sondern nur die Schuld des alten Schuldners wird dabei vom Beitretenden übernommen[35]. Mit Übernahme des Schuldbeitritts begründet der Beitretende eine zusätzliche Verbindlichkeit gegenüber dem Gläubiger, die zum Zeitpunkt des Beitritts akzessorisch zur Verpflichtung des Hauptschuldners, von da an aber davon unabhängig ist.[36] Rechtsfolge für den Beitretenden ist die gesamtschuldnerische Haftung nach §§ 421 ff. BGB neben dem Altschuldner; daher kann der Gläubiger gemäß § 421 S. 1 BGB frei entscheiden, die Leistung ganz oder teilweise von jedem Schuldner zu verlangen.

Der wesentliche Unterschied zur Bürgschaft besteht darin, dass der Beitretende neben dem Hauptschuldner eine selbstständige gesamtschuldnerische Mitverpflichtung übernimmt, während der Bürgschaftsvertrag eine akzessorische Haftung des Bürgen gegenüber dem Hauptschuldner für seine Forderung gegen den Schuldner begründet. In der Praxis können Schuldbeitritt und Bürgschaft teilweise schwierig voneinander abzugrenzen sein. Im Einzelfall muss durch Auslegung ermittelt werden, ob durch die Vereinbarung der Vertragsparteien eine Bürgschaft oder ein Schuld-

---

[34] Reinicke/Tiedtke, Bürgschaftsrecht, S. 13.

[35] Reinicke/Tiedtke, Kreditsicherung, S. 1.

[36] Erman/Röthel, Vor § 414, Rn. 16; Giesen, Jura 1997, S. 66; dazu ausführlich: Kohte, JZ 1990, S. 998.

beitritt abgeschlossen wurde.[37] Nach der überwiegenden Ansicht kommt die Annahme eines Schuldbeitritts nur in Betracht, wenn ein eigenes wirtschaftliches oder rechtliches Interesse des Beitretenden vorliegt.[38] Falls durch Auslegung der Wille der Vertragsparteien nicht eindeutig zu bestimmen ist, steht die Schutzfunktion des Sicherungsgebers im Vordergrund.[39] In diesen Fällen wird man regelmäßig von einer Bürgschaft ausgehen, die zur Wirksamkeit dem Schriftformerfordernis nach § 766 BGB entsprechen muss. Zur Gültigkeit des Schuldbeitritts ist die Schriftform grundsätzlich nicht erforderlich und § 766 BGB ist nicht anwendbar[40]. Wenn es sich bei dem abgesicherten Schuldverhältnis um einen Verbraucherdarlehensvertrag handelt, kommt der Differenzierung zwischen Bürgschaft und Schuldbeitritt hinsichtlich des Formerfordernises kaum eine Bedeutung zu, da hier die §§ 491 ff. BGB anzuwenden sind und nach § 492 BGB der Schuldbeitritt die Schriftform erfordert.[41]

II. Abgrenzung zum Garantievertrag

Ebenso wie der Schuldbeitritt ist der Garantievertrag im Gesetz nicht geregelt. Beim Garantievertrag hat der Garant gegen den Garantienehmer eine selbstständige Einstandspflicht dafür zu übernehmen, dass ein bestimmter Erfolg eintritt oder ein Schaden in der Zukunft nicht entsteht.[42] Durch den Garantievertrag wird ein von der gesicherten Schuld unabhängiger Anspruch gegen den Garanten begründet. Die Haftung des Garanten ist unabhängig davon, ob dem Schuldner ein Verschulden vorzuwerfen ist

---

[37] Erman/Röthel, Vor § 414, Rn. 17.
[38] BGH WM 1985, S. 1417 (1418); Medicus/Lorenz, S. 331; Bülow, S. 563; Emmerich, S. 190; Fikentscher/Heinemann, S. 368.
[39] Giesen, Jura 1997, S. 66; Esser/Weyers, S. 359.
[40] Lwowski/Merkel, S. 66; a.A. Grigoleit/Herresthal, Jura 2002, S. 830 f.
[41] BGH NJW 2000, S. 3496 (3497); Emmerich, S. 190; Palandt/Grüneberg, Überbl v § 414, Rn. 3.
[42] Staudinger/Horn, Vorbem. zu §§ 765-778, Rn. 207.

oder die Hauptverbindlichkeit für den Schuldner unmöglich ist.[43]
Die Garantie dient auch der Sicherung eines fremden Interesses. Die Garantieverpflichtung ist aber im Gegensatz zur Bürgschaftsverpflichtung, die zur fremden Schuld akzessorisch ist, eine eigene, selbstständige Verpflichtung.[44] Aus diesem Grund können die Vorschriften zur Bürgschaft nach §§ 765 ff. BGB weder unmittelbar noch analog angewendet werden[45]. Der Garantievertrag ist nach herrschender Ansicht daher formlos gültig[46].
Beim Garantievertrag wird zwischen der Leistungsgarantie und der Eigenschafts- bzw. Beschaffenheitsgarantie unterschieden[47]. Bei der Leistungsgarantie steht der Garant gegenüber dem Gläubiger dafür ein, dass der Schuldner eine Geldverbindlichkeit vertragsgemäß erfüllt. Diesbezüglich wird die Garantie von der Bürgschaft durch die fehlende Akzessorietät und Subsidiarität abgegrenzt[48]. Bei der Eigenschafts- bzw. Beschaffenheitsgarantie verpflichtet sich der Garant dagegen dafür einzustehen, dass eine Sache oder ein Werk mangelfrei ist. Die Unterscheidung zwischen Eigenschaftsgarantie und Bürgschaft ist weniger problematisch.

III. Abgrenzung zum Kreditauftrag

Durch den Kreditauftrag verpflichtet sich der Beauftragte gegenüber dem Auftraggeber, im eigenen Namen und auf eigene Rechnung einem Dritten einen Kredit zu gewähren. Der Auftraggeber haftet dann nach § 778 BGB gegenüber dem Beauftragten (Gläubiger) für die Verbindlichkeit des

---

43 Reinicke/Tiedtke, Kreditsicherung, S. 205.
44 MüKo/Habersack, Vor § 765, Rn. 18; Erman/Herrmann, Vor § 765, Rn. 23; Fikentscher/Heinemann, S. 677; Reiß, S. 31.
45 Staudinger/Horn, Vorbem. zu §§ 765-778, Rn. 214; Bydlinski, S. 10 ff.
46 RGZ 61, S. 157 (160); MüKo/Habersack, Vor § 765, Rn. 19; a.A. Larenz/Canaris, S. 77.
47 Soergel/Häuser, Vor § 756, Rn. 65; MüKo/Habersack, Vor § 765, Rn. 23.
48 Reiß, S. 32.

Dritten (Hauptschuldner) als Bürge. Die Verpflichtung des Auftraggebers „als Bürge" ist lediglich die durch § 778 BGB kraft Gesetzes angeordnete Rechtsfolge und nicht mit dem Vertragsinhalt im Sinne der Bürgschaft nach § 765 BGB zu vergleichen[49]. Beim Rechtsverhältnis zwischen dem Auftraggeber (Bürge) und dem Beauftragten (Gläubiger) handelt sich um einen Auftrag nach §§ 662 ff. BGB oder eine entgeltliche Geschäftsbesorgung nach § 675 I BGB. Daher ist die Formvorschrift des § 766 BGB für den Kreditauftrag nicht anzuwenden[50].
Der wesentliche Unterschied zwischen der Bürgschaft und dem Kreditauftrag besteht darin, dass beim Kreditauftrag der Auftraggeber ein eigenes wirtschaftliches Interesse hat.[51]

C. Sonderformen der Bürgschaft

I. Mitbürgschaft

Verbürgen sich mehrere für dieselbe Forderung, so sind sie Mitbürgen. Sie haften ihrem Gläubiger gegenüber nach § 769 BGB als Gesamtschuldner. Damit kann der Gläubiger gemäß § 421 BGB die Leistung nach seinem Belieben von jedem Mitbürgen ganz oder nur teilweise verlangen. Die gesamtschuldnerische Haftung besteht nur im Verhältnis zwischen den Mitbürgen, aber nicht zwischen dem Hauptschuldner und den Mitbürgen.[52] Die Mitbürgen haften gesamtschuldnerisch, auch wenn sie sich nicht gemeinschaftlich für die Forderung des Gläubigers verbürgt haben und ohne Rücksicht darauf, ob sie einander kennen.[53] Die Nichtigkeit der Bürgschaftserklärung eines Mitbürgen wirkt sich grundsätzlich nicht auf die Wirksamkeit der übrigen Erklärungen der anderen Bürgen

---

[49] Jauernig/Stadler, § 778, Rn. 2.
[50] Palandt/Sprau, § 778, Rn. 2; Vgl. Jauernig/Stadler, § 778, Rn. 5.
[51] Palandt/Sprau, § 778, Rn. 2.
[52] Reinicke/Tiedtke, Bürgschaftsrecht, S. 48.
[53] Lwowski/Merkel, S. 61.

aus. Bei § 769 BGB handelt es sich um eine dispositive Regelung[54], so dass die Vertragsparteien die gesamtschuldnerische Haftung der Mitbürgen durch Vereinbarung ausschließen können. Daraus lässt sich ableiten, dass die Mitbürgen Teilbürgen i.S.d. § 420 BGB geworden sind.[55] Leistet einer der Mitbürgen, hat er gegen die anderen Mitbürgen einen Ausgleichanspruch nach §§ 426, 774 BGB.

II. Nachbürgschaft

Der Nachbürge verpflichtet sich, gegenüber dem Gläubiger dafür einzustehen, dass der Hauptbürge seine Verpflichtung gegenüber dem Gläubiger erfüllt. Der Nachbürge verbürgt sich nicht für die Schuld des Hauptschuldners, sondern für die Schuld des Hauptbürgen gegenüber dem Gläubiger.[56] Aufgrund des Akzessorietätscharakters der Bürgschaft ist die Nachbürgschaft nicht nur von der Hauptbürgschaft, sondern auch vom Vertrag (Hauptvertrag) zwischen dem Gläubiger und dem Hauptschuldner abhängig.[57] Demnach erlischt die Nachbürgschaft dadurch, dass der Hauptschuldner oder der Hauptbürge gegenüber dem Gläubiger seine Verpflichtung erfüllt hat. Hat der Nachbürge gegenüber dem Gläubiger seine Verpflichtung erfüllt, so geht die Forderung des Gläubigers gegen den Hauptbürgen nach §§ 401, 412 BGB auf den Nachbürgen über. Zugleich geht die Forderung des Gläubigers gegen den Hauptschuldner nach § 774 I BGB (analoge Anwendung) auch auf den Nachbürgen über[58].

---

[54] Beeser, BB 1958, S. 971; Prütting/Wegen/Weinreich/Brödermann, § 769, Rn. 2.
[55] Jährig/Schuck, S. 282.
[56] Weber, S. 97.
[57] Vgl. Staudinger/Horn, Vorbem. zu §§ 765-778, Rn. 61.
[58] Larenz/Canaris, S. 20; Looschelders, S. 357.

III. Rückbürgschaft

Der Rückbürge verbürgt sich gegenüber dem Hauptbürgen dafür, dass dieser einen Regressanspruch gegen den Hauptschuldner erhält. Das Entstehen des Regressanspruchs setzt voraus, dass der Hauptbürge den Gläubiger befriedigt hat.[59] Befriedigt der Rückbürge den Hauptbürgen, so geht dessen Regressforderung gegen den Hauptschuldner, die mit der Forderung des Gläubigers gegen den Hauptschuldner gleichgestellt wird, nach § 774 I BGB (analoge Anwendung) auf den Rückbürgen über[60].

IV. Ausfallbürgschaft- oder Schadlosbürgschaft

Bei der Ausfallbürgschaft haftet der Ausfallbürge nur für den Ausfall des Gläubigers. Der Ausfall des Gläubigers tritt nur ein, wenn dieser durch den Versuch der Vollstreckung beim Hauptschuldner und als auch hinsichtlich anderer Sicherheiten nicht vollständig befriedigt werden kann.[61] Dabei kommt die Insolvenz des Gläubigers nicht in Betracht. Der Anspruch bei dem Ausfall des Gläubigers ist ausgeschlossen, wenn der Gläubiger den Ausfall durch seine Nachlässigkeit zu verschulden hat.[62] Der Gläubiger hat die Beweislast für den Ausfall[63], daher ist die Geltendmachung der Einrede der Vorausklage nach § 771 BGB für den Ausfallbürgen nicht erforderlich.

V. Bürgschaft auf erstes Anfordern

Die Bürgschaft auf erstes Anfordern ist zwar nicht im BGB geregelt, je-

---

[59] Weber, S. 98.
[60] Looschelders, S. 357.
[61] Vgl. Fichtenbauer, S. 13.
[62] Weber, S. 93.
[63] BGH WM 1977, S. 837; BGH NJW 1998, S. 2138 (2141); BGH NJW 1999, S. 1467 (1470).

doch ist ihre Zulässigkeit seit 1979 vom BGH anerkannt[64] und seitdem entwickelt sich ihre Anwendung in der Praxis fortlaufend weiter.[65] Dabei verpflichtet sich der Bürge ohne Verteidigungsmöglichkeiten, auf einfache Leistungsanforderung des Gläubigers sofort zu zahlen; d. h. dass er auf die Einreden und Einwendungen aus dem Hauptschuldverhältnis vorläufig verzichten muss.[66] Nach der Leistung kann allerdings der Bürge im künftigen Rückforderungsprozess auf die Einreden und Einwendungen zurückkommen und einen Anspruch aus ungerechtfertigter Bereicherung nach § 812 I S. 1, 1. Alt BGB erheben[67]. Der Bürge kann nur dann die Zahlung auf erstes Anfordern gemäß § 242 BGB verweigern, wenn ein offensichtlicher Missbrauch der formalen Rechtsstellung des Gläubigers vorliegt.[68]

Das Risiko, das durch die Übernahme einer Bürgschaft auf erstes Anfordern entsteht, ist für die Privatperson als Bürge zu hoch. Er muss bedingungslos sofort zahlen, wenn der Gläubiger die Leistung fordert. Die Bürgschaft auf erstes Anfordern wird deshalb grundsätzlich nur von Kreditinstituten, Versicherungsunternehmen und im internationalen Handelsverkehr tätigen Unternehmen übernommen. Allerdings kann ausnahmsweise die Person, die keine Erfahrung im Bank-, Versicherungs- und internationalen Handelsgeschäft hat, durch individuelle vertragliche Vereinbarung eine Bürgschaft auf erstes Anfordern übernehmen, wenn sie die Bedeutung und die Gefahr der Bürgschaft auf erstes Anfordern kennt.[69] Falls der Gläubiger nicht feststellen kann, ob der Bürge Kenntnis von der Bedeutung der Bürgschaft auf erstes Anfordern hat, ist eine

---

[64] BGH NJW 1979, S. 1500.

[65] Vgl. Reinicke/Tiedtke, Bürgschaftsrecht, S. 108.

[66] MüKo/Habersack, § 765, Rn. 98; Horn, ZIP 2001, S. 96 f.; Eleftheriadis, S. 13.

[67] BGH NJW 1997, S. 1435; BGHZ 148, S. 283 (286); Horn, NJW 1980, S. 2155; Hahn, MDR 1999, S. 843.

[68] BGH NJW 1988, S. 2610; BGH ZIP 1989, S. 1108; Medicus/Lorenz, S. 336; vgl. Hahn, MDR 1999, S. 842.

[69] Vgl. MüKo/Habersack, § 765, Rn. 100.

solche Bürgschaft als einfache Bürgschaft auszulegen.[70]
Der Zweck der Bürgschaft auf erstes Anfordern besteht darin, dass der Gläubiger unverzüglich liquide Mittel erhält.[71] Daher spielt diese Bürgschaftsform in der Praxis im bankgeschäftlichen Verkehr, im internationalen Handelsverkehr und bei Bauvorhaben eine wichtige Rolle.

D. Wirksamkeitsvoraussetzungen des Bürgschaftsvertrags

I. Allgemeine Voraussetzungen

Die Bürgschaft ist ein Vertrag, der zwischen dem Bürgen und dem Gläubiger abgeschlossen wird, so dass bei ihr die allgemeinen Vertragsvorschriften anzuwenden sind.[72] Demnach bedarf es bei einem wirksamen Bürgschaftsvertrag gemäß § 145 ff. BGB zunächst zweier übereinstimmender Willenserklärungen (Antrag und Annahme). Weiterhin ist dafür nach § 104 ff. BGB die Geschäftsfähigkeit der Vertragsparteien erforderlich. Die anderen Voraussetzungen für das Zustandkommen des Bürgschaftsvertrags sind das Bestehen und die inhaltliche Bestimmtheit der Hauptschuld[73]. Gemäß § 765 II BGB kann die Hauptschuld auch eine künftige oder bedingte Verbindlichkeit sein. Erforderlich ist eine hinreichende Bestimmbarkeit der zu sichernden Hauptverbindlichkeit[74].
Der Bürgschaftsvertrag kann z. B. wegen mangelnder Geschäftsfähigkeit (§§ 104 ff. BGB), erfolgter Anfechtung (§§ 119 ff. BGB), Formmangels (§125 BGB) oder Verstoßes gegen ein Verbotsgesetz (§ 134 BGB) nichtig sein.

---

[70] Vgl. Soergel/Häuser, § 765, Rn. 145.
[71] Bülow, S. 323.
[72] Brox/Walker, S. 384.
[73] Lepach, S. 3.
[74] BGHZ 25, S. 318; BGH WM 1984, S. 924; BGH WM 1992, S. 177 (178); Staudinger/Horn, § 765, Rn. 13; Lepach, S. 3.

II. Sittenwidrigkeit

1. Generelle Kriterien

Als Teil der Privatautonomie kann die Vertragsfreiheit durch die Sittenwidrigkeitskontrolle nach § 138 I BGB beschränkt werden. Danach ist der Vertrag von Anfang an nichtig, wenn er gegen die guten Sitten verstößt. Eine eindeutige Definition zur Sittenwidrigkeit findet sich allerdings im BGB nicht. Nach der von der Rechtsprechung entwickelten Formulierung ist die Sittenwidrigkeit des Rechtsgeschäfts anzunehmen, wenn das Rechtsgeschäft nach der Gesamtwürdigung des Inhalts, Zwecks und Beweggrundes[75] gegen das Anstandsgefühl aller billig und gerecht Denkenden[76] verstößt.

Die Privatautonomie wird nicht durch präzise Verbote, sondern durch eine Generalklausel beschränkt; die Beschränkung tritt erst ein, wenn das Rechtsgeschäft den Grundprinzipien der Rechts- und Sittenordnung widerspricht.[77] Die Präzisierung der Generalklausel des § 138 I BGB hängt von vielen unterschiedlichen Faktoren, wie z. B. Lebenssachverhalten, Entwicklungsgrad und sich ständig ändernde Wertvorstellungen der Gesellschaft ab. Daher werden die unterschiedlichen Ausprägungen des § 138 I BGB wesentlich durch die Rechtsprechung geprägt.

2. Sittenwidrigkeit des Bürgschaftsvertrags

Wenn die Übernahme einer Bürgschaft im Verdacht steht, das Leistungsvermögen des Bürgen weit zu übersteigen, kann der Bürgschaftsvertrag

---

[75] BGHZ 86, S. 82 (88); BGHZ 107, S. 92 (97); Palandt/Ellenberger, § 138, Rn. 8.

[76] RGZ 80, S. 219 (221); BGHZ 10, S. 228 (232); BGHZ 69, S. 295 (297); Palandt/Ellenberger, § 138, Rn. 2.

[77] Braun, Jura 2004, S. 475.

aufgrund von Sittenwidrigkeit unwirksam sein.[78] Heftig umstritten war die Frage der Wirksamkeit von Bürgschaftsübernahmen durch so genannte vermögenslose Nahbereichspersonen des Hauptschuldners, insbesondere Ehegatten[79], Lebenspartner[80], Kinder[81] oder andere Verwandte des Hauptschuldners. Darüber herrschte lange Zeit weder in der Literatur noch in der Rechtsprechung Einigkeit.[82] Die höchstrichterliche Rechtsprechung entwickelte sich in drei voneinander zu unterscheidenden Phasen: die Rechtsprechung des BGH bis 1993 (sog. „alte Rechtsprechung"), die Entscheidung des BVerfG im Jahre 1993, die BGH-Rechtsprechung nach der Entscheidung des BVerfG. Die „alte Rechtsprechung", wonach der Bürgschaftsvertrag nicht sittenwidrig war, wurde vielfach kritisiert und zur Änderung gefordert. Allerdings wurde dabei die Diskussion nicht immer sachlich geführt. Notwendig war eine autoritative Entscheidung[83], die einen Wandel der Rechtsprechung des BGH zur Sittenwidrigkeit von Bürgschaftsverträgen herbeiführen konnte. Daraus ergab sich die Entscheidung des BVerfG im Jahre 1993. Dadurch wurden die Grundlagen für eine verfassungskonforme Rechtsprechung zu sittenwidrigen Bürgschaftsverträgen festgestellt.

a. Die Rechtsprechung des BGH bis 1993

Der IX. Zivilsenat des BGH, der für das Bürgschaftsrecht zuständig war, lehnte einen Verstoß gegen § 138 I BGB regelmäßig ab und hatte streng gegen den Bürgen entschieden[84]. Er vertrat die Auffassung, dass der Gläubiger davon ausgehen kann, dass ein voll Geschäftsfähiger, der eine

---

[78] Brox/Walker, S. 384.
[79] BGHZ 134, S. 325; BGHZ 136, S. 347; BGH NJW 1996, S. 2088.
[80] BGHZ 136, S. 347; BGH NJW 1997, S. 1005.
[81] BGHZ 106, S. 269; BGHZ 107, S. 92.
[82] Vgl. Schreiber, Jura 2007, S. 732.
[83] Grün, WM 1994, S. 713 (719).
[84] BGHZ 106, S. 269; BGHZ 107, S. 92; BGH WM 1992, S. 391.

Bürgschaft übernimmt, die Tragweite der Bürgschaftsübernahme sowie das Risiko und seine eigene Leistungsfähigkeit abschätzen kann.[85] Danach verstoße ein Bürgschaftsvertrag nicht deshalb gegen die guten Sitten, weil der Bürge sich finanziell überfordert hat.[86] Ob es sich bei dem Bürgen um eine Nahbereichsperson des Hauptschuldners handele, spiele dabei keine Rolle, da die Vertragsparteien des Bürgschaftsvertrags nicht Hauptschuldner und Bürge, sondern Gläubiger und Bürge seien.[87] Bei dieser Rechtsprechung des IX. Zivilsenats kam dadurch zunächst zum Ausdruck, dass die formale Privatautonomie im Vordergrund stand.[88]
Die Urteile[89] des IX. Zivilsenats waren im Schrifttum und von Instanzgerichten heftig kritisiert worden[90]. Der (XI.) Bankrechtssenat des BGH hatte daher in einem ähnlichen Fall der Schuldmitübernahme durch vermögenslose Angehörige die Sittenwidrigkeit angenommen[91]. Der XI. Senat ging davon aus, dass ein grobes Missverhältnis zwischen der geschuldeten Leistung und der wirtschaftlichen Leistungsfähigkeit der Bürgen objektiv zur Sittenwidrigkeit führen könne[92]. Demnach orientiert sich die Rechtsprechung des BGH eher an einem materiellen Verständnis der Privatautonomie[93].

---

[85] BGH NJW 1988, S. 2599; BGH NJW 1989, S. 1665; BGH NJW 1990, S. 1034; BGH NJW 1991, S. 2015; BGH NJW 1992, S. 896; BGHZ 107, S. 92.
[86] BGHZ 106, S. 269; vgl. Hauschild, S. 108 f.
[87] Vgl. Braun, Jura 2004, S. 475.
[88] Holznagel, S. 117.
[89] Urteil vom 28. 02. 1989=BGHZ 107, S. 92; vom 16. 03. 1989=BGH WM 1989, S. 595; vom 16. 11. 1989=BGH WM 1990, S. 59.
[90] BGH WM 1991, S. 314; Honsell, JZ 1989, S. 495; Reifner, ZIP 1990, S. 427; Wochner, BB 1989, S. 1354.
[91] BGH WM 1993, S. 313; Staudinger/Horn, § 765, Rn. 182.
[92] Holznagel, S. 117.
[93] Vgl. Holznagel, S. 117.

b. Die Entscheidung des BVerfG von 1993

Gegen das Urteil des IX. Zivilsenats[94] des BGH wurde Verfassungsbeschwerde der Bürgin eingelegt und das BVerfG[95] hat durch Beschluss vom 19.10.1993 dieses Urteil aufgehoben, da dadurch das Grundrecht der Bürgin nach Art. 2 I GG verletzt werde. Nach der Auffassung des BVerfG kann eine angemessene Interessenbalance von der Vertragsfreiheit ermöglicht werden, nur wenn zwischen den Vertragsparteien Verhandlungsgleichgewicht vorliegt.[96] Häufig liege ein solches Vertragsgleichgewicht nicht vor, dementsprechend setze die wirtschaftlich stärkere Partei aufgrund ihrer Überlegenheit die eigenen Interessen durch, so dass die Interessen der unterlegenen Partei dadurch beeinträchtigt werden.[97] Nun müsse die Zivilrechtsordnung bei solchen Fällen reagieren und ausgleichend eingreifen, in denen das Verhandlungsgleichgewicht gestört ist, um zu verhindern, dass die stärkere Partei ihre Überlegenheit ausnutzt.[98] In dem Beschluss hat das BVerfG folgenden Leitsatz vorangestellt: „Die Zivilgerichte müssen - insbesondere bei der Konkretisierung und Anwendung von Generalklauseln wie § 138 und § 242 BGB - die grundrechtliche Gewährleistung der Privatautonomie in Art. 2 I GG beachten. Daraus ergibt sich ihre Pflicht zur Inhaltskontrolle von Verträgen, die eine der Vertragsparteien ungewöhnlich stark belasten und das Ergebnis strukturell ungleicher Verhandlungsstärke sind.“[99] Das BVerfG hat für die Durchführung der Inhaltskontrolle bestimmte Kriterien vorgesehen, wie etwa geringes Lebensalter des Bürgen, unqualifizierte Berufsausbildung, eigenes wirtschaftliches Interesse, Beratungsverhalten der Bank

---

94 BGH, ZIP 1989, S. 629 (Tochterfall: 21jährige vermögenslose Tochter mit Nettomonatseinkommen von 1.150 DM bürgte für ihren Vater in Höhe von 100.000 DM).

95 BVerfGE 89, S. 214 ff.; Pape, ZIP 1994, S. 515; Preis/Rolfs, DB 1994, S. 261.

96 Holznagel, S. 118.

97 Vgl. Holznagel, S. 118.

98 Braun, Jura 2004, S. 475; Holznagel, S. 118.

99 BVerfGE 89, S. 214; BGH ZIP 1993, S. 1775; BGH NJW 1994, S. 2749.

und Zuordnung zu Geschäfts- oder Verbraucherkredit.[100]

c. Die Rechtsprechung des BGH nach der Entscheidung des BVerfG

Aufgrund der Entscheidung des BVerfG orientiert sich die Rechtsprechung des IX. Zivilsenats, welche früher der rein formalen Privatautonomie gefolgt ist, nun stattdessen in Richtung des Bürgenschutzes.[101] Die Veränderung der Rechtsprechung des IX. Zivilsenats beginnt mit einer Annäherung an die Auffassung des XI. Zivilsenats, in der die Schuldmitübernahme durch vermögenslose Angehörige als sittenwidrig angenommen wird.[102] Somit stimmen der IX. und der XI. Senat darin überein, dass die Bürgschaften mit Nahbereichspersonen sittenwidrig sind, sofern die Verpflichtung den Bürgen finanziell krass überfordert und der Bürge aus der emotionalen Verbundenheit mit dem Hauptschuldner die Bürgschaft übernommen hat.[103]

Jedoch hatten die beiden Senate eine Meinungsverschiedenheit über die konkreten Bedingungen, unter denen man von Sittenwidrigkeit des Bürgschaftsvertrags nach § 138 I BGB sprechen kann.[104] Beispielsweise ging der XI. Zivilsenat - anders als bisher der IX. Senat[105] - davon aus, dass für die Frage der Sittenwidrigkeit des Bürgschaftsvertrags die Bürgschaft von Kindern und die Bürgschaft von Ehegatten nach einheitlichen Kriterien zu beurteilen sind[106]. Bei der Beurteilung der Leistungsfähigkeit des Bürgen zielte der XI. Zivilsenat - ebenfalls anders als bisher der IX.

---

[100] Braun, Jura 2004, S. 476; allerdings erwiesen sich diese Kriterien in der praktischen Anwendung durch die Zivilgerichte als wenig geeignet.
[101] Holznagel, S. 121.
[102] Holznagel, S. 121.
[103] Braun, Jura 2004, S. 476.
[104] Schnabl, WM 2006, S. 706.
[105] Nach Ansicht des IX. Zivilsenats wurde die Sittenwidrigkeit von Bürgschaften zwischen den einzelnen Nahbereichspersonen unterschiedlich beurteilt.
[106] BGH, Vorlagebeschluss NJW 1999, S. 2584.

Senat[107] - nur auf die finanzielle Leistungsfähigkeit des Bürgen[108].
Um den Streit zwischen den beiden Senaten zu beenden und eine Vereinheitlichung der Rechtsprechung für die Zukunft zu erreichen, hat der XI. Zivilsenat im Juni 1999 den Großen Senat gemäß §§ 132 II und IV GVG angerufen und die folgenden Fragen vorgelegt[109]:

1. Gelten für die Beurteilung der Sittenwidrigkeit einer Bürgschaft oder Mithaftungsübernahme auf Grund finanzieller Überforderung für alle Bürgen und Mithaftenden einheitliche Kriterien?
Gilt dies auch für vor dem 1. 1. 1999 geschlossene Verträge?
2. Ist eine Bürgschaft oder Mithaftungsübernahme aus Sittenwidrigkeit nichtig, wenn der Bürge oder Mithaftende auch ohne Hinzutreten besonders belastender Umstände finanziell krass überfordert ist?
Gilt es als krasse finanzielle Überforderung, wenn bei der Übernahme der Verpflichtung der Bürge oder Mithaftende voraussichtlich allein selbst zur Entrichtung der vertraglich vereinbarten Zinsen nicht fähig sein wird?
3. Kann es als einen angemessenen Interessenausgleich angesehen werden, wenn der finanziell krass überforderte Bürge oder Mithaftende durch den Kredit zu mittelbaren Vorteilen kommt oder können nur unmittelbare Vorteile berücksichtigt werden?

Über diese Vorlagefragen ist es jedoch nicht zu einer Entscheidung des Großen Senats gekommen, da die dem Vorlagebeschluss zugrunde liegende Revision durch die Revisionskläger zurückgenommen wurde.[110]
Die Frage, in welchen Fällen ein Bürgschaftsvertrag infolge Sittenwidrigkeit nichtig ist, wird damit weiterhin nicht beantwortet, obwohl es in der Rechtsprechung zur schrittweisen Annährung des IX. an den XI. Zi-

[107] Nach ursprünglicher Auffassung des IX. Zivilsenats erfolgte die Beurteilung der Leistungsfähigkeit des Bürgen im Rahmen einer so genannten Gesamtbetrachtung, bei der die wirtschaftliche Leistungsfähigkeit des Hauptschuldners und anderer Sicherungsgeber berücksichtigt werden (BGH NJW 1996, S. 1274).
[108] BGH NJW 1999, S. 2584; BGH NJW 2001, S. 816.
[109] BGH NJW 1999, S. 2584.
[110] Soergel/Häuser, § 756, Rn. 34; Erman/Herrmann, § 765, Rn. 13.

vilsenat gekommen ist.[111]

Seit 2001 ist nur noch der XI. Zivilsenat aufgrund der geänderten Geschäftsverteilung beim BGH für Bürgschaftsangelegenheiten zuständig[112]. Damit ist eine Vereinheitlichung der Beurteilungsmaßstäbe für die Sittenwidrigkeit des Bürgschaftsvertrags gegeben: Die widerlegbare Vermutung der Sittenwidrigkeit des Bürgschaftsvertrags wird vom BGH angenommen, wenn der mit dem Hauptschuldner emotional verbundene Bürge durch die Übernahme der Bürgschaft krass finanziell überfordert wird.[113]

aa. Krasse finanzielle Überforderung

Zunächst muss der Bürge durch die Bürgschaft finanziell überfordert werden, so dass die Bürgschaft letztlich als wirtschaftlich sinnlos erscheint[114]. Als Ausgangspunkt für die Sittenwidrigkeit ist die finanzielle Überforderung des Bürgen anzunehmen, wenn er sich in einem Umfang verpflichtet hat, der seine gegenwärtigen und zu erwartenden Einkommens- und Vermögensverhältnisse weit übersteigt[115]. Ob eine krasse finanzielle Überforderung gegeben ist, entscheidet alleine die Höhe des pfändbaren Einkommens und Vermögens des Bürgen[116]; die Vermögensverhältnisse des Hauptschuldners sind nicht zu berücksichtigen, weil die Funktion der Bürgschaft gerade dann einsetzt, wenn der Hauptschuldner leistungsunfähig ist[117].

In der Rechtspraxis hat der BGH die Kriterien der finanziellen Überforderung weiter entwickelt und konkretisiert. Nach Ansicht des XI. Zivil-

---

111 Vgl. Tonner, JuS 2000, S. 17 ff.

112 Braun, Jura 2004, S. 477.

113 BGH WM 2000, S. 23 (24); BGH WM 2000, S. 410 (413); BGH NJW 2002, S. 2228 (2229); BGH NJW 2005, S. 971 (972).

114 Tonner, JuS 2003, S. 326.

115 BGH WM 2002, S. 919; Soergel/Häuser, § 756, Rn. 35.

116 BGH NJW 2000, S. 1182 (1183).; BGH NJW 2001, S. 815 (816); Reinicke/Tiedtke, Bürgschaftsrecht, S. 61.

117 BGH WM 2001, S. 402; Soergel/Häuser, § 756, Rn. 35.

senats liegt die finanziell krasse Überforderung vor, wenn ein krasses Missverhältnis zwischen der wirtschaftlichen Leistungsfähigkeit des Bürgen und der eingegangenen Verpflichtung besteht[118], d. h. wenn bei Übernahme der Bürgschaft davon auszugehen ist, dass „der Bürge bei Eintritt des Sicherungsfalles voraussichtlich nicht einmal die laufenden Zinsen der Hauptschuld aus dem pfändbaren Teil seines Einkommens und Vermögens dauerhaft aufbringen kann“[119]. Bei der Prüfung der krassen finanziellen Überforderung spielen die finanziellen Verhältnisse des Bürgen im Zeitpunkt des Abschlusses des Bürgschaftsvertrages keine Rolle. Ausschlaggebend ist die Prognose, ob der Bürge im Zeitpunkt, an dem er vom Gläubiger in Anspruch genommen wird, zumindest die Leistung zu einem erheblichen Teil mit seinen eigenen finanziellen Mitteln erbringen könnte.[120] Bei der Prognose sind nicht nur die zu erwartende Einkommensentwicklung des Bürgen, sondern auch seine erwerbsrelevanten Fähigkeiten wie z. B. die Schul- und Berufsausbildung zu beachten.[121]

bb. Emotionale Verbundenheit zwischen Bürgen und Hauptschuldner

Neben der finanziellen Überforderung muss eine emotionale Verbundenheit zwischen Bürgen und Hauptschuldner bestehen. Es besteht eine emotionale Verbundenheit, wenn der Bürge allein aufgrund seiner gefühlsmäßigen Beziehung zum Hauptschuldner die Bürgschaft übernimmt, ohne das Bürgschaftsrisiko abzuwägen und ohne wirtschaftliche Interessen an der Übernahme der Bürgschaft zu haben.[122]

Eine solche Beziehung zwischen dem Bürgen und dem Hauptschuldner liegt in der Regel zunächst in Form einer Ehe oder einer eheähnlichen

---

118 Schmolke, JuS 2009, S. 588.
119 BGH NJW 2002, S. 2634 (2635); BGH ZIP 2002, S. 2249 (2250); BGH NJW 2005, S. 971 (972); Schmolke, JuS 2009, S. 588; MüKo/Habersack, § 765, Rn. 24; Tonner, JuS 2003, S. 326.
120 BGH NJW-RR 2002, S. 1130; Schmolke, JuS 2009, S. 588.
121 Soergel/Häuser, § 756, Rn. 36.
122 Dresden WM 2003, S. 277 (278); Soergel/Häuser, § 756, Rn. 41.

Partnerschaftsbeziehung[123], ferner einer engen Verwandtschaftsbeziehung[124] oder eines engen Freundschaftsverhältnisses[125] vor.

cc. Widerlegbare Vermutung

Hat der Bürge bei krasser finanzieller Überforderung die Bürgschaft allein aus emotionaler Verbundenheit übernommen, so besteht eine tatsächliche Vermutung, dass der Gläubiger diese Verbundenheit in sittlich anstößiger Weise ausgenutzt hat.[126] Es ist Sache des Gläubigers, die Vermutung der Sittenwidrigkeit des Bürgschaftsvertrags zu widerlegen.
Eine theoretische Möglichkeit der Widerlegung besteht darin, dass der Gläubiger darlegt, dass er bei Abschluss des Bürgschaftsvertrags keine Kenntnis von der krassen Überforderung des Bürgen gehabt hat. Aber der Gläubiger kann sich nicht auf Unkenntnis berufen, wenn er absichtlich nicht überprüft, ob der Bürge für den Hauptschuldner voll einstehen kann, und dadurch die Möglichkeit, von einer fehlenden Leistungsfähigkeit des Bürgen zu erfahren, bewusst ausschließt.[127] In der Praxis hat diese Möglichkeit für die Banken kaum Bedeutung, weil diese die finanzielle Leistungsfähigkeit des Bürgen gewöhnlich überprüfen müssen.
Im Rahmen einer weiteren Widerlegungsmöglichkeit kann der Gläubiger geltend machen, dass der Bürge ein eigenes Interesse an der Kreditaufnahme gehabt habe.[128] Dabei sind jedoch nur die nennens- und geldwerten Vorteile des Bürgen, die dieser unmittelbar aus der Kreditaufnahme erlangt hat, zu berücksichtigen.[129] Lediglich mittelbare Vorteile, wie die

---

[123] BGH NJW 1997, S. 3372
[124] BGH NJW 1998, S. 597; BGH NJW 1997, S. 3230.
[125] Nobbe/Kirchhof, BKR 2001, S. 7; MüKo/Habersack, § 765, Rn. 23.
[126] BGH NJW 1994, S. 1278 (1280); BGHZ 156, S. 302 (307); BGH ZIP 2002, S. 123 (124); BGH WM 2005, S. 421 (422).
[127] BGH WM 1994, S. 676; BGH NJW 2000, S. 1182 (1184); MüKo/Habersack, § 765, Rn. 25; Schnabl, WM 2006, S. 707.
[128] Nobbe/Kirchhof, BKR 2001, S. 11.
[129] BGH WM 2001, S. 402; BGH WM 2005, S. 71; Schmolke, JuS 2009, S. 588; Soergel/Häuser, § 756, Rn. 47; Reinicke/Tiedtke, Bürgschaftsrecht, S. 62.

Aussicht auf höhere Unterhaltsleistungen[130] oder Aussicht auf Arbeit im zu gründendem Betrieb[131] genügen dagegen nicht.
Es ist für die Kreditinstitute nicht leicht, die Widerlegung der Vermutung zu beweisen. Dies liegt daran, dass sie nur beschränkte Kenntnis über das Verhältnis zwischen Bürgen und Hauptschuldner haben.[132] Daher besteht de facto nur eine geringe Möglichkeit, die Vermutung zu widerlegen.

dd. Ausnahme (Sittenwidrigkeit ohne krasse finanzielle Überforderung)

Kommt beim Bürgen keine krasse finanzielle Überforderung zum Ausdruck, so ist der Bürgschaftsvertrag regelmäßig nicht sittenwidrig; es sei denn, dass beim Bürgschaftsvertrag besonders erschwerende und dem Gläubiger zurechenbare Umstände vorliegen.[133] Solche Umstände können in der sittlich anstößigen Ausnutzung der emotionalen Bindung des Bürgen an den Hauptschuldner[134], der Ausnutzung der geschäftlichen Unerfahrenheit des Bürgen[135] oder der Ausnutzung der Verharmlosung des Haftungsrisikos[136] liegen. Die Beweislast für diese Voraussetzungen liegt beim Bürgen.

3. Kurze Zusammenfassung

Seit das BVerfG auf das Problem des vermögenslosen Bürgen aufmerksam gemacht hat, hat die Entwicklung der Rechtsprechung zur Sittenwidrigkeit von Bürgschaften gezeigt, dass die Vermutung bei krasser finanzieller Überforderung und emotionaler Verbundenheit zwischen Bürgen und Hauptschuldner tatsächlich kaum zu widerlegen ist. Damit ist es fast

---

[130] BGH NJW 1993, S. 322.
[131] BGH NJW 2005, S. 971.
[132] Schnabl, WM 2006, S. 707.
[133] BGHZ 128, S. 230 (232); BGH WM 2001, S. 1330; Nobbe/Kirchhof, BKR 2001, S. 7; Schnabl, WM 2006, S. 708.
[134] BGH WM 2001, S. 1330; Nobbe/Kirchhof, BKR 2001, S. 13.
[135] BGH WM 2001, S. 1330; Nobbe/Kirchhof, BKR 2001, S. 13 f.
[136] Nobbe/Kirchhof, BKR 2001, S. 14.

unmöglich, den einkommens- und vermögenslosen Angehörigen als Bürgen in Anspruch zu nehmen, wenn dies den gegenwärtigen Gerechtigkeitsvorstellungen widerspricht. [137] Dies führt dazu, dass Angehörigenbürgschaften als Mittel der Kreditsicherung praktisch ausfallen. Dies beeinträchtigt nicht nur die wirtschaftlichen Interessen der Kreditinstitute, sondern schließt auch diejenigen Personen von Kreditnahmen bei Banken aus, die keine anderen Sicherheiten geben können.[138] Gleichwohl hat sich die Rechtsprechung nach vielen Jahren der Auseinandersetzungen endlich stabilisiert[139]. Danach ist die Sittenwidrigkeit anzunehmen, wenn zwischen dem Umfang der Haftung und der finanziellen Leistungsfähigkeit des Bürgen ein krasses Missverhältnis besteht und die Bürgschaft aus emotionaler Verbundenheit zum Hauptschuldner eingegangen wird. Weitere Umstände sind somit unerheblich.

III. Formerfordernisse

Nach § 766 S. 1 BGB ist zur Wirksamkeit des Bürgschaftsvertrags die Schriftform der Bürgschaftserklärung erforderlich. Die Willenserklärung des Gläubigers ist aber nicht formbedürftig[140] (so genannte „halbe Schriftlichkeit“[141]). Ein Verstoß gegen das Formerfordernis führt gemäß § 125 BGB grundsätzlich zur Nichtigkeit des Bürgschaftsvertrags.
Unter Schriftform ist gemäß § 126 I BGB zu verstehen, dass das Bürgschaftsversprechen nur dann wirksam ist, wenn es in einer Urkunde[142] niedergelegt und vom Bürgen eigenhändig unterschrieben wird[143]. Bei der

---

[137] Vgl. Tonner, JuS 2003, S. 330.
[138] Tonner, JuS 2003, S. 330.
[139] Tonner, JuS 2003, S. 330.
[140] Staudinger/Horn, § 766, Rn. 9.
[141] Lorenz, JuS 1999, S. 1146.
[142] Vgl. Brox/Walker, S. 387 f. Der Bürge muss die Urkunde nicht selbst verfassen. Die Mitunterzeichnung der Urkunde ist ausreichend, wenn sie eine dem Bürgen zuzurechnende eigene Erklärung enthält.
[143] Bülow, S. 289; Hauschild, S. 101; vgl. Lorenz, JuS 1999, S. 1146; Malzer,

Abgabe der schriftlichen Bürgschaftserklärung kommt es darauf an, dass die Originalurkunde in die Hände des Gläubigers gelangt.[144] Entgegen der Grundregel des § 126 III BGB ist die elektronische Form (§ 126 a BGB) nach § 766 S. 2 BGB ausgeschlossen. Die Bürgschaftserklärung in Textform (wie z. B. Fax oder Telegramm) genügt dem Schriftformerfordernis ebenso wenig, da bei der Textform die Originalurkunde und die eigenhändige Unterzeichnung fehlen[145].

Ein Formmangel, der grundsätzlich zur Nichtigkeit des Bürgschaftsvertrags führt, wird gemäß § 766 S. 3 BGB geheilt, wenn der Bürge seine Verpflichtung erfüllt. Allerdings ist das Gesetz hier unglücklich formuliert: Der Bürge erfüllt nicht „die Hauptverbindlichkeit", sondern die Bürgenschuld oder Bürgschaftsverpflichtung, die eine eigene Verbindlichkeit aus dem Bürgschaftsvertrag ist.[146] Ist der Bürgschaftsvertrag aus einem anderen Grund (z. B. Anfechtung, Unbestimmtheit) unwirksam, kann die Unwirksamkeit nicht durch die Erfüllung der Bürgschaftsverbindlichkeit geheilt werden, weil die Heilbarkeit sich auf den Formmangel beschränkt[147].

1. Bürgenschutz durch die Formvorschrift

Das Schriftformerfordernis bezweckt den Schutz des Bürgen vor Übereilung[148], weil eine Bürgschaft für ihn große finanzielle Folgen haben kann. Der Bürge hat das Risiko zu tragen, dass er für die Verbindlichkeit des Hauptschuldners einstehen muss, aber der Hauptschuldner möglicherweise wegen Zahlungsunfähigkeit die Leistung des Bürgen nicht zurück-

---

DNotZ 1998, S. 107.

[144] Coester-Waltjen, Jura 2001, S. 743.

[145] BGHZ 24, S. 297 (302); Riehm, JuS 2000, S. 245.

[146] Auch Medicus/Lorenz, S. 330.

[147] Soergel/Pecher, § 766, Rn. 41.

[148] Looschelders, S. 347.

zahlen kann.[149] Das Schriftformerfordernis hat somit eine Warnfunktion. Es soll dem Bürgen die finanziellen Konsequenzen des übernommenen Risikos vor Augen führen und dadurch verhindern, dass er eine Bürgschaftsverpflichtung leichtfertig übernimmt.[150] Die Beweisfunktion, die eigentlich mit dem Formerfordernis eng verbunden ist, spielt dagegen in diesem Zusammenhang nur eine sekundäre Rolle[151].
Die Warnfunktion der Schriftform erstreckt sich auf alle wesentlichen Elemente der Bürgschaft, damit der Bürge seine Verpflichtung deutlich und vollständig erkennen kann. Diese wesentlichen Elemente sind die verbürgte Hauptschuld, die Bezeichnung des Gläubigers und des Hauptschuldners sowie der Verbürgungswille[152]. Mündliche Nebenabreden oder Änderungsvereinbarungen sind nur dann formlos wirksam, wenn sie Verpflichtungen des Bürgen einschränken.[153] Eine Unklarheit über den Umfang der Hauptschuld geht zu Lasten des Gläubigers[154]. Bürgenschutz wird durch die Formvorschrift insbesondere dadurch erreicht, dass sich die zu sichernde Hauptverbindlichkeit sowie die Person des Gläubigers und des Hauptschuldners aus der Originalurkunde ergeben müssen[155].

2. Ausnahme

Die Ausnahmen von der Schriftform des § 766 BGB ergeben sich insbesondere aus Sondergesetzen. Nach § 350 HGB ist die Bürgschaftserklärung eines Kaufmannes formlos gültig, wenn die Bürgschaft für diesen ein Handelsgeschäft im Sinne der §§ 343 ff. HGB ist. Das Schriftformerfordernis des § 766 BGB findet dann keine Anwendung. Denn für Kauf-

---

[149] Vgl. Coester-Waltjen, Jura 2001, S. 743.
[150] BGH NJW 1972, S. 576; Coester-Waltjen, Jura 2001, S. 743.
[151] Hauschild, S. 101.
[152] BGH WM 1992, S. 177 (178); Weber, S. 58.
[153] Hk-BGB/Staudinger, § 766, Rn. 2.
[154] BGH ZIP 1980, S. 637.
[155] BGH ZIP 1995, S. 812 (813); Staudinger/Horn, § 766, Rn. 23.

leute, die über ausreichende Geschäftserfahrung und große Geschäftsgewandtheit verfügen sollten, ist die Warnfunktion der Schriftform gemäß § 766 BGB nicht notwendig.[156]
Die Erklärung der Wechsel- oder Scheckbürgschaft bedarf ebenfalls nicht der Schriftform nach § 766 BGB, da sie den strengeren Formvorschriften des Wechsel- (Art. 31 WG) oder Scheckrechts (Art. 26 ScheckG) unterliegt und die Vorschrift des § 766 BGB davon verdrängt wird[157].

IV. Widerrufsrecht des Bürgen als Verbraucher

Wenn ein Verbrauchervertrag bei z. B. Haustür-, Fernabsatzgeschäften abgeschlossen wird, steht nach § 355 BGB dem Verbraucher ein Widerrufsrecht zu, durch das er trotz Abschluss des Vertrags innerhalb gesetzlicher Frist den Vertrag auflösen kann. Beim Widerrufsrecht des Verbrauchers, das durch Gesetz zwingend eingeräumt ist, kommt zum Ausdruck, dass das Grundprinzip „*pacta sunt servanda*“ von der Schutzbedürftigkeit des Verbrauchers überlagert wird. Es stellt sich hier die Frage, ob der Bürge als Verbraucher nach Abschluss des Bürgschaftsvertrags das Widerrufsrecht geltend machen kann. Dabei unterscheidet man zwischen dem Widerrufsrecht bei Fernabsatzverträgen, Verbraucherdarlehensverträgen und Haustürgeschäften.

1. Meinungsstand in Literatur und Rechtsprechung

Die Frage, ob die Regelung des Fernabsatzvertrags gemäß § 312 b BGB für den Bürgschaftsvertrag anwendbar ist, ist in der deutschen Literatur und Rechtsprechung kaum Gegenstand der Auseinandersetzung. Demnach wird der Bürgschaftsvertrag nicht als Fernabsatzvertrag i.S.d. § 312 b BGB angesehen und das Widerrufsrecht nach §§ 312 b, 355 BGB steht

---

[156] Vgl. MüKo HGB/Schmidt, § 350 HGB, Rn. 1.
[157] Vgl. Weber, S. 63.

dem Bürgen daher nicht zu, wenn der Bürge als Verbraucher mit Unternehmen den Bürgschaftsvertrag abgeschlossen hat.[158] Dies liegt daran, dass nur die von Unternehmen erbrachten Finanzdienstleistungen für die Anwendung des § 312 b BGB geeignet sind.[159] Die Leistung der Bürgschaft, die unter den Begriff der Finanzdienstleistung i.S.d. § 312 b BGB fällt, wird dagegen nicht von Unternehmen, sondern umgekehrt vom Verbraucher (hier Bürgen) erbracht.

Die Widerrufsmöglichkeit des Verbraucherdarlehensvertrags der §§ 495, 355 BGB ist für den Bürgen als Verbraucher ausgeschlossen, weil der Bürgschaftsvertrag kein Darlehensvertrag ist und der Bürge nicht als Darlehensnehmer i.S.d. § 491 I BGB verstanden werden kann. Die analoge Anwendung der §§ 491 ff. BGB über den Verbraucherdarlehensvertrag auf die Bürgschaft hält der BGH auch für ungeeignet[160]. Für die Entscheidung des BGH spricht, dass hier keine planwidrige Gesetzeslücke vorliegt.[161] Auf Ebene des europäischen Rechts wird dem Bürgen das Widerrufsrecht für Verbraucherdarlehen ebenfalls nicht eingeräumt. Im Urteil des EuGH vom 23.03.2000 wird der Bürgschaftsvertrag nicht in die Verbraucherkreditrichtlinie (87/102/EWG) einbezogen[162]. Der EuGH begründet dies damit, dass die Bürgschaft keinen Kreditvertrag i.S.d. Art. 1 II lit.c der Richtlinie 87/102/EWG darstelle, bei dem „ein Kreditgeber einem Verbraucher einen Kredit in Form eines Zahlungsaufschubs, eines Darlehens oder einer sonstigen ähnlichen Finanzierungshilfe gewährt oder zu gewähren verspricht“[163].

Bei der Anwendbarkeit des Widerrufsrechts nach dem HWiG (jetzt nach § 312 BGB) auf die Bürgschaft wurde lange Zeit nicht einheitlich ent-

---

158 Vgl. Looschelders, S. 350.
159 Bülow, S. 306.
160 BGH NJW 1998, S. 1939 (1941).
161 Looschelders, S. 351.
162 EuGH NJW 2000, S. 1323.
163 EuGH NJW 2000, S. 1323 (1324).

schieden. Diese Anwendbarkeit hat der BGH am Anfang abgelehnt[164]. Der BGH vertrat ursprünglich die Auffassung, dass die Übernahme der Bürgschaft nicht als „eine entgeltliche Leistung“ im Sinne des § 1 HWiG (jetzt § 312 BGB) verstanden werden konnte. Später wurde jedoch eine positive Entscheidung für die Anwendung des HWiG auf die Bürgschaft vom BGH getroffen[165]. Denn der Bürge, der keine Gegenleistung erlangen kann, soll als schutzbedürftiger als der Verbraucher, der in der Regel die Gegenleistung vom Unternehmen erhält, behandelt werden.[166] Dies wurde ebenfalls vom EuGH in seiner Rechtsprechung bestätigt[167]. Der EuGH ging allerdings davon aus, dass die Beantwortung der Frage, ob die Vorschriften über Haustürgeschäfte auf die Bürgschaft anwendbar sind, von zwei Voraussetzungen abhängt. Die erste Voraussetzung besteht darin, dass der Bürge als Verbraucher die Bürgschaft durch das Haustürgeschäft übernimmt. Die weitere Voraussetzung bezieht sich darauf, dass der Hauptschuldner auch als Verbraucher den Hauptvertrag im Rahmen der Haustürsituation abschließt. Der IX. Zivilsenat des BGH hat an die Ansicht des EuGH angeknüpft. Eine klare Stellungnahme wurde vom XI. Zivilsenat des BGH durch sein Urteil vom 10.01.2006 abgegeben, wonach für die Geltendmachung des Widerrufsrechts des Bürgen beim Haustürgeschäft nur ausschlaggebend sei, dass die Bürgschaft in der Haustürsituation von dem Verbraucher übernommen werde.[168] Dies wurde vom XI. Zivilsenat durch das Urteil vom 27.02.2007[169] und vom XII. Zivilsenat durch das Urteil vom 02.05.2007[170] bestätigt.

---

[164] BGHZ 113, S. 287.
[165] BGH NJW 1993, S. 1594.
[166] BGH NJW 1993, S. 1594 (1595).
[167] EuGH NJW 1998, S. 1295 (1296).
[168] BGH NJW 2006, S. 845
[169] BGH NJW 2007, S. 2106.
[170] BGH NJW 2007, S. 2110.

2. Eigene Stellungnahme

Bei dem vom Verbraucher und dem Unternehmer abgeschlossenen Vertrag, insbesondere bei Haustürgeschäften, im Fernabsatz oder bei Verbraucherkreditgeschäften, besteht in der Regel zwischen beiden Parteien ein Informationsungleichgewicht. Um den Verbraucher vor Gefahren gegenüber dem Unternehmen zu schützen, die auf Überrumpelung[171] beim Vertragsabschluss oder der Komplexität[172] des Geschäfts beruhen, wird dem Verbraucher ein Widerrufsrecht eingeräumt. Dadurch hat er die Möglichkeit, die rechtlichen und wirtschaftlichen Folgen des Vertragsschlusses in Ruhe zu überdenken. Deshalb muss bei der Anwendbarkeit des Widerrufsrechts auf den Verbraucherbürgschaftsvertrag geprüft werden, ob der Bürge über den Schutz durch die Formvorschrift, die Akzessorietät und die Subsidiarität hinaus zusätzlich noch des Verbraucherschutzes bedarf.

Was die Anwendbarkeit des Widerrufsrechts gemäß §§ 312 und 312 b BGB auf den Bürgschaftsvertrag angeht, ist der h.M, zuzustimmen. Allerdings ist die Begründung in Bezug auf § 312 b BGB nicht hinreichend überzeugend. Für den Ausschluss der Anwendung des § 312 b BGB auf Bürgschaft ist nicht entscheidend, ob die Übernahme der Bürgschaft unter den Begriff der Finanzdienstleistung i.S.d. § 312 b BGB fällt. Entscheidend ist nur, ob hierbei der Verbraucherschutz für den Bürgen hinzukommen muss. Durch die Formvorschrift nach § 766 BGB kann der Bürge das Risiko der Finanzdienstleistung abschätzen, die er erbringen soll. Demnach ist der Bürge durch das Formerfordernis hinreichend geschützt. Das Risiko des Fernabsatzes, bei dem der Verbraucher die Finanzdienstleistung nicht selbst in Augenschein nehmen kann, kommt beim Bürgen nicht zum Tragen, folglich ist der Schutz durch das Widerrufsrecht für den Bürgen entbehrlich.

---

[171] BGH NJW 2002, S. 3100 ff.

[172] Soergel/Pfeiffer, § 355, Rn. 4.

Dagegen besteht die Schutzbedürftigkeit im Rahmen der Haustürsituation, infolgedessen ist § 312 BGB auf die Bürgschaft anwendbar. Verbraucherdarlehensgeschäfte sind für den Bürgen eine Finanzierungsbelastung. Dies führt dazu, dass er auch schutzbedürftig ist und in den Genuss des Verbraucherschutzes durch das Widerrufsrecht kommt. Der Bürgschaftsvertrag stellt zwar keinen Verbraucherdarlehensvertrag i.S.d. § 491 I BGB dar, jedoch soll der Bürge, der in der Regel unentgeltlich seine Leistung erbringt, schutzwürdiger sein als der Verbraucherdarlehensnehmer, der Zinsen an den Unternehmerdarlehensgeber zahlt. Von daher war es nicht anzunehmen, dass sowohl der BGH als auch der EuGH die Anwendung des Verbraucherdarlehensrechts auf die Bürgschaft verneinen. Ein anderer Fall, in dem die Anwendung des Verbraucherdarlehensrechts auf den Schuldbeitritt von der neuen Entscheidung des BGH anerkannt wird[173], könnte ein Signal sein und es wäre zu wünschen, dass der BGH die Möglichkeit dafür öffnet, dass der Bürge den Schutz des Widerrufsrechts in der Verbraucherdarlehenssituation nach §§ 491 ff. BGB umfangreich erhalten kann.

E. Die Rechtsbeziehung zwischen Bürgen und Gläubiger

Die Bürgschaft ist dadurch gekennzeichnet, dass sie akzessorisch und grundsätzlich subsidiär gegenüber der Hauptverbindlichkeit ist.

I. Akzessorietät

Die Akzessorietät ist das wichtigste Merkmal der Bürgschaft: Die Bürgenschuld ist abhängig von der Hauptschuld, für die der Bürge einzustehen hat. Erlischt die Hauptschuld, so erlischt auch die Bürgschaft. Das Akzessorietätsprinzip ermöglicht es, die für die Hauptschuld geltenden Regelungen auf die Bürgschaft anzuwenden.[174] Der Grundsatz der Ak-

---

[173] BGH NJW 2006, S. 431.
[174] Holznagel, S. 45.

zessorietät dient insbesondere dem Schutz des Bürgen: Dadurch, dass die Ansprüche des Gläubigers aus dem Bürgschaftsvertrag von Gesetzes wegen an die Ansprüche aus der Hauptschuld angeknüpft werden, wird sichergestellt, dass der Gläubiger den Bürgen nur bei Bestehen eines Sicherheitsbedürfnisses in Anspruch nehmen kann.[175] Der Gläubiger kann von dem Bürgen nur das verlangen, was er vom Hauptschuldner im Rahmen des Hauptvertrags verlangen könnte.[176]
Die Akzessorietät der Bürgschaft erstreckt sich nicht nur auf den Bestand der Hauptschuld, sondern auch auf ihren Umfang, die Forderungszuständigkeit und die Durchsetzbarkeit.[177]

1. Bestand

Die Akzessorietät ergibt sich in erster Linie aus § 767 I BGB, wonach der jeweilige Bestand der Hauptverbindlichkeit für die Verpflichtung des Bürgen maßgeblich ist. Das bedeutet, dass die Bürgschaftsverpflichtung in Bestand, Inhalt und Umfang von der Hauptschuld abhängt[178].
Besteht die Hauptverbindlichkeit nicht, so entsteht die Bürgenschuld auch nicht. Ist ein Darlehensvertrag, der durch einen Bürgschaftsvertrag gesichert wird, beispielsweise infolge von Sittenwidrigkeit oder Geschäftsunfähigkeit nichtig, so ist der Bürgschaftsvertrag ebenfalls nichtig. Wenn der Gläubiger dem Hauptschuldner das Darlehen nicht ausgezahlt hat, sind weder die Hauptschuld noch eine Bürgenschuld zustande gekommen.[179] Ist das Darlehen trotz Nichtigkeit des Darlehenvertrags bereits ausgezahlt worden, so steht dem Gläubiger ein Bereicherungsanspruch nach § 812 BGB gegen den Hauptschuldner zu. In diesem Fall ist die Haftung des Bürgen aufgrund der Akzessorietät grundsätzlich ausge-

---

175 Habersack, JZ 1997, S. 862 f.; Lettl, WM 2000, S. 1318.
176 Lettl, WM 2000, S. 1317.
177 Medicus, JuS 1971, S. 497; Habersack, JZ 1997, S. 857.
178 Hk-BGB/Staudinger, § 767, Rn. 1.
179 Weber, S. 60.

schlossen[180], außer wenn die Auslegung des Bürgschaftsvertrags den entsprechenden Willen des Bürgen ergibt[181].

2. Inhalt und Umfang

Die Bürgschaft ist nach § 767 I BGB weiterhin inhalts- und umfangsakzessorisch. Die Vorschrift des § 767 BGB ist zwingend, weil sie bezweckt, das Risiko der Bürgschaft zu präzisieren und zu begrenzen[182].
Handelt es sich bei der Hauptschuld um eine Sachleistung, so muss der Bürge in erster Linie die identische Sachleistung wie der Hauptschuldner erfüllen (so genanntes Identitätserfordernis)[183]. Falls die gleiche Sachleistung vom Bürgen nicht erbracht werden kann, verpflichtet er sich, dem Gläubiger den Geldbetrag zu zahlen.[184] Eine Umfangs- oder Inhaltsveränderung der Hauptschuld führt grundsätzlich auch zu einer Veränderung der Bürgenschuld. Allerdings bleibt hierbei eine unwesentliche Veränderung der Hauptschuld außer Betracht, bei der es für den Bürgen nach Treu und Glauben zumutbar ist, an seine Verpflichtung weiterhin gebunden zu bleiben.[185]

a. Einschränkung durch Gesetz

Die Akzessorietät kann in Umfang und Inhalt durch gesetzliche Regelungen eingeschränkt werden[186]. Eine Erhöhung der Hauptverbindlichkeit durch Verschulden oder Verzug des Hauptschuldners führt nach § 767 I S. 2 BGB auch zur Erhöhung der Bürgschaftsverpflichtung. Gemäß § 767 II

---

[180] Frankfurt NJW 1980, S. 2201; OLG Hamm NJW 1987, S. 2521; Erman/Herrmann, § 765, Rn. 7; Weber, S. 60; Medicus/Lorenz, S. 331.
[181] Vgl. BGH NJW 2001, S. 1859; Weber, S. 60.
[182] MüKo/Habersack, § 767, Rn. 1.
[183] BGH NJW 1980, S. 2412.
[184] Coester-Waltjen, Jura 2001, S. 746.
[185] BGH WM 1962, S. 701; Weber, S. 61.
[186] Vgl. Holznagel, S. 48

BGB haftet der Bürge ebenfalls im Zuge der Erweiterung der Bürgschaftshaftung infolge der Kosten der Kündigung sowie der Rechtsverfolgung, soweit der Hauptschuldner diese dem Gläubiger ersetzen muss. Allerdings ist die darüber hinausgehende akzessorische Erweiterung (rechtsgeschäftliche Erweiterung) gemäß § 767 I S. 3 BGB nicht gestattet und das Akzessorietätsprinzip tritt hinter den Schutz des Bürgen zurück. Dabei handelt es sich um das so genannte Verbot der Fremddisposition[187]: Durch ein vom Hauptschuldner nach Übernahme der Bürgschaft vorgenommenes Rechtsgeschäft wird die Bürgschaftsverpflichtung nicht erweitert. Bei Verminderung oder Erlöschen der Hauptverbindlichkeit bedarf es keines Bürgenschutzes, weil dies für den Bürgen eine Entlastung oder Befreiung bedeuten würde. Die Bürgenschuld erlischt, soweit die Hauptverpflichtung erfüllt wird. Eine Reduktion der Hauptschuld durch teilweise Erfüllung des Hauptschuldners oder durch teilweise Leistung eines Dritten wirkt sich auf die Bürgschaftsschuld ebenfalls aus[188]. Bei der Reduzierung der Hauptverpflichtung kann das Akzessorietätsprinzip durch andere Normen weiter begrenzt werden. Beispielsweise kann sich der Bürge nicht gemäß § 254 II S. 1 InsO auf die Herabsetzung der Hauptschuld aufgrund eines Insolvenzplans berufen. Nach § 301 II S. 1 InsO lässt die Restschuldbefreiung des Hauptschuldners die Haftung des Bürgen unberührt. In diesen Fällen, in denen der Hauptschuldner in eine schwierige Vermögenssituation geraten ist, soll der Sicherungszweck der Bürgschaft gerade dem Schutz des Gläubigerinteresses dienen.[189] Geht die Hauptverbindlichkeit infolge der Vermögenslosigkeit des Hauptschuldners unter, bleibt die Bürgschaft jedoch bestehen. In diesem Fall hat der Sicherungszweck der Bürgschaft Vorrang vor dem Akzessorietätsgrundsatz[190].

---

[187] MüKo/Habersack, § 767, Rn. 10.

[188] Vgl. Coester-Waltjen, Jura 2001, S. 746; MüKo/Habersack, § 767, Rn. 4.

[189] Lettl, WM 2000, S. 1318.

[190] BGHZ 82, S. 323 (326 f.); BGH ZIP 2009, S. 1608 (1609); Prütting/Wegen/Weinreich/Brödermann, § 767, Rn. 10; Hk-BGB/Staudinger, § 767,

b. Einschränkung durch vertragliche Vereinbarung

Die Vertragsparteien der Bürgschaft können z. B. durch die Vereinbarung eines Höchstbetrags (so genannte Höchstbetragsbürgschaft) die Bürgschaftshaftung für eine mögliche Erweiterung der Hauptschuld begrenzen. Vertragliche Abreden, die die Akzessorietät in Bezug auf den Umfang der Bürgschaft einschränken oder dem Bürgen zusätzliche Verpflichtungen auferlegen, wandeln aber den Bürgschaftsvertrag in einen Garantievertrag oder einem Schuldversprechen um.[191]

3. Die Forderungszuständigkeit

Die Forderungszuständigkeit unterliegt ebenfalls dem Akzessorietätsprinzip: Wird die Hauptforderung vom Altgläubiger durch die Abtretung nach § 398 BGB auf einen neuen Gläubiger übertragen, so geht nach § 401 I BGB auch die Forderung gegen den Bürgen auf den neuen Gläubiger über. Der Bürge kann deshalb gemäß § 404 BGB dem neuen Gläubiger alle Einwendungen entgegenhalten, die zur Zeit der Abtretung der Forderung gegen den Altgläubiger begründet waren. Der alte und der neue Gläubiger können sich allerdings einigen, dass die Bürgschaftsforderung nicht mitübergehen soll.[192] Der Übergang der Bürgschaft auf den Neugläubiger kann auch durch eine vertragliche Abrede zwischen dem Bürgen und dem Altgläubiger gemäß § 399 BGB ausgeschlossen werden[193]. Nach vorherrschender Ansicht kann der Gläubiger die Bürgschaftsforderung ohne die Hauptforderung nicht isoliert abtreten[194], weil die Bürg-

---

Rn. 3.

191 Staudinger/Horn, § 767, Rn. 6; Soergel/Häuser, § 767, Rn. 1.

192 RGZ 85, S. 363 (364); BGH WM 1991, S. 1869 (1870).

193 BGHZ 115, S. 177 (181); BGH WM 1991, S. 1869 (1870); Staudinger/Horn, § 765, Rn. 243.

194 RGZ 15, S. 278 (281); BGH WM 1980, S. 372; BGHZ 95, S. 88 (93); 115, S. 177 (180); MüKo/Habersack, § 765, Rn. 52; Staudinger/Horn, § 765, Rn. 248; a.A. Reinicke/Tiedtke, Kreditsicherung, S. 56; Bydlinski, ZIP 1989, S. 957.

schaft abhängig von der Hauptschuld ist. Wird die Hauptforderung allein abgetreten, erlischt die Bürgenschuld. Eine Auswechslung des Schuldners ist nach §§ 414 f. BGB grundsätzlich unzulässig, es sein denn, dass der Gläubiger dem zustimmt. Da das Bürgenrisiko und das Vertrauen des Bürgen von der Leistungsfähigkeit des Hauptschuldners abhängen, ist eine solche Auswechslung ohne das Einverständnis des Bürgen auch nicht wirksam[195]. Daher bedarf die Wirksamkeit des Hauptschuldnerwechsels sowohl der Zustimmung des Gläubigers als auch der Zustimmung des Bürgen. Wird die Hauptverbindlichkeit ohne Einverständnis des Bürgen auf den neuen Schuldner durch befreiende Schuldübernahme übertragen, so erlischt die Bürgschaft gemäß § 418 I BGB.[196]

4. Die Durchsetzbarkeit

Die Abhängigkeit der Bürgschaft von der Hauptverbindlichkeit zeigt sich weiter in der Durchsetzbarkeit. Das bedeutet, dass dem Bürgen auch die rechtlichen Verteidigungsmittel, das heißt die Einreden und Einwendungen des Hauptschuldners, zustehen.[197]

a. Geltendmachung von Einreden aus der Hauptverbindlichkeit nach § 768 BGB

§ 768 I BGB wird als Ausfluss des Akzessorietätsgrundsatzes betrachtet, wonach sich der Bürge auf die dem Hauptschuldner zustehenden Einreden berufen kann.[198] Diese Einreden enthalten z. B. die Stundung nach § 205 BGB[199], die Verjährung der Hauptforderung aus § 214 I BGB[200], die

---

[195] Vgl. Coester-Waltjen, Jura 2001, S. 746.
[196] Lwowski, S. 308.
[197] Wagenknecht, S. 208.
[198] Lepach, S. 8.
[199] BGH NJW 2001, S. 2327 (2329); BGHZ 72, S. 198 (203); Erman/Herrmann, § 768, Rn. 4.
[200] BGHZ 139, S. 214 (216); MüKo/Habersack, § 768, Rn. 5; Tiedtke, ZIP 1986,

Einrede der ungerechtfertigten Bereicherung aus § 821 BGB[201], die Einrede der unerlaubten Handlung nach § 853 BGB[202], das Zurückbehaltungsrecht aus §§ 273 f. BGB[203] und Nichterfüllung des Hauptvertrags nach §§ 320 ff. BGB[204]. Die Bürgschaft bezweckt lediglich die Sicherung der Hauptverbindlichkeit. Von daher soll sie nicht durchgesetzt werden können, wenn und soweit die Durchsetzbarkeit der Hauptverbindlichkeit von der Geltendmachung der Einreden verhindert wird.[205]

Nach § 768 II BGB kann der Bürge auch die bestehenden Einreden geltend machen, wenn der Hauptschuldner auf sie verzichtet, weil ein solcher Verzicht für den Bürgen eine rechtsgeschäftliche Erweiterung der Bürgschaftsverpflichtung im Sinne des § 767 I S. 3 BGB ist[206]. Damit entspricht dies dem Grundsatz „des Verbots der Fremddisposition“[207]. Der Bürge kann allerdings mit dem Gläubiger den Verzicht auf bestimmte Einreden vertraglich vereinbaren[208].

Die Einredenakzessorietät kann ebenfalls durch gesetzliche Regelung begrenzt werden und gilt nach § 768 I S. 2 BGB nicht für die Einrede der beschränkten Erbenhaftung. Der Bürge kann sich nach dem Tod des Hauptschuldners nicht darauf berufen, dass der Erbe für die Hauptschuld nur beschränkt haftet. Das Akzessorietätsprinzip soll zwar das Interesse des Bürgen bewahren, nicht aber den Sicherungscharakter der Bürgschaft beeinträchtigen.[209] Die primäre Aufgabe der Bürgschaft besteht darin, die Forderung des Gläubigers zu sichern. Zudem muss der Grundsatz der

---

S. 69 ff.

201 BGH NJW 1989, S. 1853; Hk-BGB/Staudinger, § 768, Rn. 2; Palandt/Sprau, § 768, Rn. 6.

202 Erman/Herrmann, § 768, Rn. 4.

203 BGH WM 1965, S. 578 (579); Hk-BGB/Staudinger, § 768, Rn. 2; Palandt/Sprau, § 768, Rn. 6.

204 Erman/Herrmann, § 768, Rn. 4; Hk-BGB/Staudinger, § 768, Rn. 2.

205 Lettl, WM 2000, S. 1317.

206 Vgl. Soergel/Häuser, § 768, Rn. 9.

207 Holznagel, S. 50; Lettl, WM 2000, S. 1317.

208 Staudinger/Horn, § 768, Rn. 5.

209 Jauernig, NJW 1953, S. 1207; Bettermann, NJW 1953, S. 1817.

Akzessorietät hinter dem wesentlichen Sicherungszweck zurücktreten[210], da die Bürgschaft den Gläubiger gerade bei Vermögensverfall des Hauptschuldners sichern soll[211].

b. Einreden des Hauptschuldners nach § 770 I BGB

aa. Grundsatz

Die Erweiterung des Akzessorietätsgrundsatzes in der Durchsetzbarkeit ergibt sich aus § 770 I BGB. Sie besteht in dem Fall, dass der Hauptschuldner seine Verpflichtung durch die Ausübung eines Gestaltungsrechts zum Erlöschen bringen kann. Anders als gemäß § 768 BGB kann der Bürge das Verteidigungsrecht (Anfechtungsrecht) des Hauptschuldner nicht geltend machen, denn grundsätzlich ist nur derjenige anfechtungsberechtigt, der die anzufechtende Willenserklärung abgegeben hat[212]. Hier steht dem Bürgen vielmehr ein Leistungsverweigerungsrecht zu, solange der Hauptschuldner sein Anfechtungsrecht noch geltend machen kann. Anfechtungsgründe des Hauptschuldners können sich aus §§ 119, 120, 123 BGB ergeben. Der Bürge verliert aber dieses Leistungsverweigerungsrecht dadurch, dass das Anfechtungsrecht des Hauptschuldners durch z. B. Fristablauf (§§ 121, 124 BGB) oder Bestätigung (§ 144 BGB) erloschen ist.[213]

Nach dem Wortlaut bezieht sich § 770 I BGB zwar nur auf die Anfechtungsmöglichkeit des Hauptschuldners, diese Vorschrift ist aber nach der überwiegenden Auffassung[214] auch auf andere Gestaltungsrechte des

---

[210] BGHZ 6, S. 385 ff.

[211] Staudinger/Horn, § 767, Rn. 48; Soergel/Häuser, § 768, Rn. 11.

[212] Bork, S. 351; Hk-BGB/Dörner, § 142, Rn. 3; Medicus, S. 299; Scheiber, Jura 2007, S. 733.

[213] Staudinger/Horn, § 770, Rn. 2.

[214] Erman/Herrmann, § 770, Rn. 4; Hk-BGB/Staudinger, § 770, Rn. 5; MüKo/Habersack, § 770, Rn. 6; Staudinger/Horn, § 770, Rn. 20 ff.; Palandt/Sprau, § 770, Rn. 4; Bamberger/Roth/Rohe, § 770, Rn. 5; Reinicke/Tiedtke, Kreditsicherung, S. 100; Medicus, Jus 1971, S. 497, 501; a.A. Schreiber, Jura 2007, S. 733,

Hauptschuldners analog anzuwenden. Zu diesen Gestaltungsrechten gehören das gesetzliche Rücktrittsrecht aus §§ 323 f., 326 V, 437 Nr. 2, 634 Nr. 3 BGB, das Minderungsrecht bei Kauf- und Werkverträgen und das Widerrufsrecht des Verbrauchers.

bb. Verzicht des Hauptschuldners auf Anfechtungsrecht

(1) Meinungsstand

Ein Verzicht des Hauptschuldners auf sein Anfechtungsrecht entzieht (anders als bei § 768 II BGB) nach vorherrschender Ansicht[215] das Leistungsverweigerungsrecht des Bürgen. Eine Begründung liegt darin, dass das Anfechtungsrecht nach § 770 I BGB stark personenbezogenes Gestaltungsrecht ist, über dessen Ausübung allein vom Hauptschuldner entscheiden soll.[216] Eine weitere Begründung beruht auf der praktischen Bedeutung des § 770 I BGB[217]. Beim Irrtum nach § 119 BGB und der falschen Übermittlung nach § 120 BGB muss der Hauptschuldner gemäß § 121 BGB unverzüglich anfechten. Dies hat zur Folge, dass die Geltendmachung der Einrede des § 770 I BGB infolge der kurzen Verjährungsfrist für den Bürgen in der Praxis kaum möglich ist.[218] Ein Verzicht des Hauptschuldners auf sein Anfechtungsrecht, das ihm wegen einer Täuschung oder Drohung nach § 123 BGB zusteht, ist für den Bürgen relevant, weil gemäß § 124 I BGB die Verjährungsfrist der Anfechtung sich auf ein Jahr beläuft. In diesen Fall ist die Einrede zwar nach §770 I BGB für den Bürgen ausgeschlossen, allerdings kann er die Einrede des Hauptschuldners gemäß §§ 853, 768 I S. 1 BGB geltend machen, weil die

---

er geht davon aus, dass eine Planwidrigkeit der Regelungslücke nicht vorliegt und die analoge Anwendung des § 770 I BGB auf andere Gestaltungsrechte ausgeschlossen wird; Gernhuber, S. 239.

[215] Hk-BGB/Staudinger, § 770, Rn. 3; Jauernig/Stadler, § 770, Rn. 4; Reinicke/Tiedtke, Bürgschaftsrecht, S. 100 f.

[216] Reinicke/Tiedtke, Kreditsicherung, S. 100.

[217] BGHZ 95, S. 350 (357).

[218] Schreiber, S. 733.

Täuschung oder Drohung i.S.d. § 123 I BGB unter den Begriff der unerlaubten Handlung des § 853 BGB fällt.[219]

Die Mindermeinung von *Harrer*[220] geht davon aus, dass der Bürge unabhängig von dem Verzicht des Hauptschuldners auf sein Anfechtungsrecht die Einrede nach § 770 I BGB erheben kann. Sie werde einerseits vom Rechtsgedanken des § 768 II BGB gestützt, wonach der Bürge die Einrede nicht dadurch verliert, dass der Hauptschuldner auf sie verzichtet. Andererseits komme ein rechtstechnischer Unterschied zwischen der Einrede und dem Anfechtungsrecht in diesem Fall kaum in Betracht[221]. Von daher müsse dem Bürgen ein anderes Verteidigungsmittel gegeben werden, um sich den Ausgleich dafür zu verschaffen, weil er das Anfechtungsrecht des Hauptschuldners nicht selbst ausüben kann.[222]

(2) Eigenes Verständnis

Der von der Mehrheit der Stimmen in der Literatur vertretenen Auffassung ist nicht zu folgen. Außer den von *Harrer* erwähnten Gründen besteht noch ein wichtiges Argument darin, dass der Bürge nur den Hauptvertrag absichern will, der den Willen des Hauptschuldners wahrhaft repräsentiert. Für einen anfechtbaren Vertrag wegen Irrtums, Täuschung oder Drohung könnte der Bürge möglicherweise nicht einstehen wollen, oder er braucht zumindest Zeit dafür, es sich aufs Neue zu überlegen. Durch den Verzicht auf § 770 I BGB ist der Bürge in eine schlechtere Position geraten. Deshalb muss dem Bürgen das Leistungsverweigerungsrecht zustehen, wenn der Hauptschuldner auf sein Anfechtungsrecht verzichtet.

219 Staudinger/Horn, § 770, Rn. 2.
220 Harrer, FS Honsell, 2002, S. 517 ff.
221 Harrer, FS Honsell, 2002, S. 521 f.
222 Vgl. Harrer, FS Honsell, 2002, S. 521.

5. Zusammenfassung

Für die Begründung, die hinter der Akzessorietät steht, werden zwei Ansichten vertreten. Nach der älteren Auffassung ist die Akzessorietät der Bürgschaft die Rechtsfolge ihrer Sicherungsfunktion und ihr liegt allein die Parteivereinbarung zugrunde (§ 765 I BGB)[223]. Die Akzessorietät solle damit den Sicherungszweck, für den sich die Bürgschaftsparteien geeinigt haben, verwirklichen.[224] Die jüngere Gegenansicht unterscheidet sich von der älteren darin, dass die Akzessorietät nach ihrer Auffassung nicht auf dem Willen der Bürgschaftsparteien, sondern auf dem Gesetz beruhe (§§ 767 I S. 1, 768 I S. 1, 770 BGB)[225]. Trotz der verschiedenen Ansichten ist davon auszugehen, dass die Parteien des Bürgschaftsvertrags den Sicherungszweck vereinbaren, und das Gesetz versucht, diesen so effektiv wie möglich durchzusetzen.[226]
Insgesamt kann festgestellt werden: Nach dem Akzessorietätsgrundsatz ist die Bürgschaftshaftung im Bestand, Inhalt, der Forderungszuständigkeit und der Durchsetzbarkeit von der Hauptschuld abhängig. Die Leistung, die der Gläubiger vom Bürgen verlangen kann, deckt sich mit dem, was der Gläubiger vom Hauptschuldner verlangen könnte.[227] Durch das Prinzip der Akzessorietät wird der Bürge geschützt, indem seine Haftung nicht über die Haftung des Hauptschuldners hinausgeht.
Um dem Zweck des Bürgenschutzes zu entsprechen, kann die Akzessorietät der Bürgschaft einerseits durch dispositive Vorschriften (z. B. § 767 I S. 3 BGB) beschränkt werden. In solchen Fällen besteht dann kaum ein Unterschied zwischen der Bürgschaft und den anderen Personalsicher-

---

[223] Westerkamp, S. 137 f.; Reichel, S. 85; Coing, NJW 1951, S. 384; Blessing, S. 36; Wieacker, S. 187; Jauernig, NJW 1953, S. 1207; Giesen, Jura 1997, S. 65.
[224] Schmidt, S. 56.
[225] Hadding/Häuser/Welter, S. 619; Kühn/Rotthege, NJW 1983, S. 1234; Lambsdorff/Skora, Rn. 5; Pottschmidt/Rohr, Rn. 30; Paulus, JuS 1995, S. 187; Habersack, JZ 1997, S. 862 f.; Lettl, WM 2000, S. 1317.
[226] Vgl. Schmidt, S. 56.
[227] BGHZ 90, S. 187 (190); Lettl, WM 2000, S. 1317.

heiten[228].

Mit Rücksicht auf den Sicherungszweck der Bürgschaft erfährt das Akzessorietätsprinzip andererseits Ausnahmen, wo sich der Bürge auf die Haftungserleichterung nicht berufen kann (z. B. § 768 I S. 2 BGB, § 254 II S. 1 InsO).

Die Konkurrenz zwischen dem Sicherungszweck und dem Bürgenschutz führt deshalb dazu, dass sich die Akzessorietät der Bürgschaft immer danach richten muss, welches von den beiden verfolgten Zielen den Vorrang hat.

II. Subsidiarität

Der Bürge haftet grundsätzlich nur subsidiär, weil die Bürgschaft dem Sicherungszweck dient.[229] Der Gläubiger muss zunächst beim Hauptschuldner versuchen, die rechtlichen Möglichkeiten der Befriedigung auszuschöpfen. Der Bürge kann erst dann in Anspruch genommen werden, wenn der Gläubiger vom Hauptschuldner keine Befriedigung erhalten kann. Daher haftet der Bürge nicht neben, sondern bildlich gesprochen „hinter" dem Hauptschuldner.[230]

1. „Einrede der Vorausklage"

Die wichtigste Ausprägung der Subsidiarität der Bürgschaft findet sich in den Vorschriften über die Einrede der Vorausklage (§§ 771 ff. BGB)[231]. Danach kann der Bürge den Leistungsanspruch des Gläubigers verweigern, solange und soweit nicht der Gläubiger eine Zwangsvollstreckung gegen den Hauptschuldner erfolglos versucht hat. Im Regelfall wird eine

---

[228] Holznagel, S. 55.

[229] Vgl. Medicus/Lorenz, S. 333.

[230] Weber, S. 65.

[231] Hk-BGB/Staudinger, § 771, Rn. 1; MüKo/Habersack, § 771, Rn. 1; Staudinger/Horn, § 771, Rn. 1.

Geldforderung durch die Bürgschaft gesichert; so muss die Vollstreckung nach § 772 I BGB in die Mobilien des Hauptschuldners vorgenommen werden. Die Mobilien befinden sich am Wohnsitz des Hauptschuldners, an seinem gewerblichen Niederlassungsort oder an seinem Aufenthaltsort, wenn Wohnsitz oder gewerbliche Niederlassung fehlen. Außerdem muss sich der Gläubiger gemäß § 772 II S. 1 BGB zunächst daraus befriedigen, falls ihm an einer beweglichen Sache des Hauptschuldners ein Pfandrecht oder ein Zurückbehaltungsrecht zusteht. Wird durch diese Sache noch eine andere Forderung gesichert, so gilt dies nur, wenn der Wert der Sache zur Deckung beider Forderungen ausreicht (§ 772 II BGB).
Die so genannte „Einrede der Vorausklage"[232] ist in § 771 S. 1 BGB legaldefiniert und steht dem Bürgen hier als eine originäre Einrede (anders als die von dem Hauptschuldner abgeleitete Einrede gemäß § 768 I BGB) zu. Als eine weitere Verteidigungsmöglichkeit des Bürgen dient die Einrede der Vorausklage zwar dem Schutz des Bürgen, kann ihm jedoch wirtschaftlichen Nachteil bringen[233]. Dieser Nachteil ergibt sich aus § 767 II BGB, wonach der Bürge die unnötigen Kosten bezahlen muss, die durch die Zwangvollstreckung des Gläubigers gegen den Hauptschuldner entstehen. Der Bürge kann selbst entscheiden, ob er die Einrede der Vorausklage erheben will.

2. Ausschluss der Einrede des § 771 BGB

Die Einrede des § 771 BGB ist allerdings gemäß § 773 I BGB ausgeschlossen,

---

[232] Der vom Gesetzgeber gewählte Begriff „Einrede der Vorausklage" ist ungenau, hier ist vielmehr eine aufschiebende Einrede gemeint. Denn eine Klage des Gläubigers ist nicht erforderlich und lediglich der Versuch der Zwangsvollstreckung ist ausschlaggebend. MüKo/ Habersack, § 771, Rn. 1; Soergel/Pecher, § 771, Rn. 2; Schreiber, Jura 2007, S. 733.
[233] Vgl. Coester-Waltjen, Jura 2001, S. 746; Medicus/Lorenz, S. 333.

wenn der Bürge auf sie verzichtet[234], insbesondere wenn er sich als Selbstschuldner verbürgt hat (§ 773 I Nr. 1 BGB);
wenn die Rechtsverfolgung gegen den Hauptschuldner infolge einer nach Abschluss des Bürgschaftsvertrags eingetretenen Änderung des Wohnsitzes, der gewerblichen Niederlassung oder des Aufenthaltsort des Hauptschuldners wesentlich erschwert ist (§ 773 I Nr. 2 BGB);
wenn über das Schuldnervermögen das Insolvenzverfahren eröffnet ist (§ 773 I Nr. 3 BGB);
wenn die Zwangsvollstreckung in das Vermögen des Hauptschuldners aussichtslos ist (§ 773 I Nr. 4 BGB).
Nach § 773 II BGB kann der Bürge jedoch in zwei Fällen (§ 773 I Nr. 3 und 4 BGB) die Einrede der Vorausklage erheben, soweit sich der Gläubiger aus einer beweglichen Sache des Hauptschuldners befriedigen kann, an der er ein Pfandrecht oder ein Zurückbehaltungsrecht besitzt.
Ausgeschlossen ist die Einrede der Vorausklage auch dann, wenn der Bürge sich zur Stellung einer Sicherheitsleistung verpflichtet (§§ 232 II, 239 II BGB).[235] Außerdem ist die Einrede nach § 349 S. 1 HGB ausgeschlossen, wenn der Bürge ein Kaufmann ist und die Bürgschaft für ihn ein Handelsgeschäft darstellt.

3. Einrede der Aufrechenbarkeit nach § 770 II BGB

Anders als bei § 770 I BGB kommt bei der Einrede der Aufrechenbarkeit des § 770 II BGB kaum der Akzessorietätsgedanke zum Ausdruck. Die Vorschrift des § 770 II BGB stellt neben § 771 BGB vielmehr den Subsidiaritätscharakter dar[236]. Danach kann der Bürge die Befriedigung des

---

[234] Der Verzicht auf die Einrede der Vorausklage bedarf der Schriftform gemäß § 766 BGB, da dadurch die Verpflichtung des Bürgen verschärft wird. BGH NJW 1968, S. 2332.
[235] Staudinger/Horn, § 773, Rn. 1.
[236] Prot. II, S. 468 f., 470 f.; BGHZ 95, S. 350 (361); MüKo/Habersack, § 770, Rn. 2; Schreiber, Jura 2007, S. 734; Bülow, ZGR 1988, S. 201; Reifner, S. 364.

Gläubigers dann verweigern, wenn sich der Gläubiger durch Aufrechnung gegen eine fällige Forderung des Hauptschuldners befriedigen kann. Grundsätzlich können sowohl der Gläubiger als auch der Hauptschuldner aufrechnen, wenn bei ihnen die gegenseitigen, gleichartigen und aufrechenbaren Forderungen vorliegen.[237] Die Aufrechnungsbefugnis des § 770 II BGB kann aber durch Vereinbarung der Vertragsparteien oder kraft Gesetzes ausgeschlossen sein. Der gesetzliche Ausschluss ergibt sich z. B. aus §§ 390 und 393 BGB: Der Gläubiger kann die Forderung nicht aufrechnen, wenn ihm eine Einrede entgegensteht (§ 390 BGB) oder sie aus vorsätzlicher unerlaubter Handlung herrührt (§ 393 BGB). Ob der Bürge in solchen Fällen die Einrede der Aufrechenbarkeit geltend machen kann, ist umstritten.

Eine Ansicht sagt, dass dem Bürgen die Aufrechnungseinrede des § 770 II BGB nur zusteht, wenn der Gläubiger die Aufrechnungsbefugnis hat.[238] Ein wichtiges Argument hierfür liegt in dem ausdrücklichen Wortlaut des Gesetzes. Die andere Rechtfertigung wird von dem Regelungszweck des § 770 II BGB, der dem Grundsatz der Subsidiarität der Bürgschaft dient, abgeleitet.[239] Dabei stellt die Vorschrift des § 770 II BGB absichtlich nur auf die Anfechtungsbefugnis des Gläubigers ab, damit sie in der Verbindung mit dem § 771 BGB den Subsidiaritätscharakter der Bürgschaft deutlich widerspiegeln kann.[240]

Die Gegenmeinung, die eine vom Gesetzeswortlaut abweichende Interpretation darstellt, geht davon aus, dass der Bürge in diesen Fällen trotz des Ausschlusses der Aufrechnungsbefugnis die Einrede gemäß § 770 II BGB in analoger Anwendung erheben kann.[241] Dafür spricht zunächst der akzessorische Charakter der Bürgschaft. In den Fällen der §§ 390,

---

[237] Tiedtke, JZ 2006, S. 946.

[238] RGZ 137, S. 34 (36); Staudinger/Horn, § 770, Rn. 9; Soergel/Pecher, § 770, Rn. 9; Larenz/Canaris, S. 13.

[239] MüKo/Habersack, § 770, Rn. 10.

[240] Vgl. MüKo/Habersack, § 770, Rn. 10.

[241] Zimmermann, JR 1979, S. 496; Esser/Weyers, S. 352.

393 BGB verliert der Gläubiger, aber nicht der Hauptschuldner die Aufrechnungsbefugnis und der Bürge kann sich deswegen auf die Einrede der Aufrechenbarkeit des Hauptschuldners berufen. Dazu kommt die weitere Begründung in Betracht, dass der Gläubiger nicht schutzbedürftig ist, wenn er aufgrund seiner vorsätzlichen unerlaubten Handlung die Aufrechung nach § 393 BGB nicht vornehmen kann.[242]
Die vom Gesetzeswortlaut abweichende Meinung ist nicht überzeugend. Denn im § 770 II BGB steht der Subsidiaritätscharakter der Bürgschaft im Vordergrund. Der § 770 II BGB wird zwar gesetzessystematisch hinter der Einrede der Anfechtbarkeit des § 770 I BGB eingeordnet, jedoch kommt das Akzessorietätsprinzip beim § 770 II BGB nicht zum Ausdruck.[243] Wenn die Aufrechnungsmöglichkeit des Gläubigers aufgrund der Vertragsvereinbarung oder nach §§ 390, 393 BGB ausgeschlossen ist, kann der Bürge deshalb nicht durch die Anwendung des § 770 II BGB das Leistungsverweigerungsrecht ausüben. Allerdings wird er nicht dadurch benachteiligt, weil er Gelegenheiten hat, die Verweigerung der Leistung, auf die er sich nach § 770 I BGB (in analoger Anwendung) oder nach §§ 273, 768 I S. 1 BGB berufen kann, durchzusetzen.[244]
Ein Verzicht auf die Einrede der Aufrechenbarkeit ist grundsätzlich unwirksam[245], da dies den Bürgen unter Verstoß gegen den Grundsatz von Treu und Glauben benachteiligt und den Grundgedanken der §§ 765 ff. BGB widerspricht[246].

---

242 Vgl. Esser/Weyers, S. 352; Zimmermann, JR 1979, S. 496.
243 Holznagel, S. 58.
244 Reinicke/Tiedtke, Kreditsicherung, S. 101, § 770 I BGB ist analog anzuwenden; MüKo/Habersack, § 770, Rn. 10, § 768 I S.1 BGB ist anzuwenden und dem Bürgen steht ein Zurückbehaltungsrecht gemäß § 273 BGB zu.
245 MüKo/Habersack, § 770, Rn. 3; Fischer, WM 1998, S. 1712, Tiedtke, ZIP 1986, S. 153 ff.
246 Tiedtke, JZ 2006, S. 949.

4. Einwendungsmöglichkeit nach § 776 BGB

Ein weiterer Ausdruck des Subsidiaritätsgrundsatzes der Bürgschaft ergibt sich aus § 776 BGB[247]. Nach § 776 S. 1 BGB wird der Bürge von seiner Verpflichtung frei, wenn der Gläubiger ein Sicherungs- oder Vorzugsrecht vorsätzlich aufgibt, aus dem der Bürge nach § 774 BGB hätte Ersatz verlangen können. Dies gilt auch dann, wenn das aufgegebene Recht erst nach der Übernahme der Bürgschaft entstanden ist (§ 776 S. 2 BGB). Ein fahrlässiges Aufgeben und eine bloße Untätigkeit reichen hier nicht aus[248]. Durch die Bestimmung des § 776 BGB soll verhindert werden, dass der Gläubiger den Regressanspruch des Bürgen gegen die anderen Sicherungsgeber (§ 774 BGB i.V.m. §§ 412, 401 BGB) beeinträchtigen kann.[249]

5. Zusammenfassung

Das Subsidiaritätsprinzip dient in erster Linie dem Sicherungscharakter der Bürgschaft[250]. Danach soll sich der Gläubiger zunächst an seinen eigentlichen Vertragspartner (den Hauptschuldner) halten. Durch das Subsidiaritätsprinzip wird der Bürge ebenfalls geschützt. Er soll erst nach dem Hauptschuldner haften.

Im Gegensatz zum Akzessorietätsprinzip ist die Subsidiarität der Bürgschaft nicht zwingender Natur und vom Gesetzgeber schwächer ausgestaltet[251]. Dies ergibt sich vor allem aus § 773 I Nr. 1 BGB, wonach das Subsidiaritätsprinzip durch vertragliche Vereinbarung beschränkt werden kann. Damit wird der Bürgenschutz reduziert.

---

247 Scholz/Lwowski, S. 354; Bülow, S. 335.
248 Hk-BGB/Staudinger, § 776, Rn. 3.
249 Vgl. MüKo/Habersack, § 776, Rn. 1.
250 Vgl. Holznagel, S. 60.
251 Vgl. Dreismann, S. 76.

III. Verjährung

Die Verjährung des Bürgschaftsvertrags spielt eine wichtige Rolle in der Rechtsbeziehung zwischen dem Bürgen und dem Gläubiger, weil dadurch der Gläubiger die Möglichkeit verliert, den Anspruch gegen den Bürgen durchzusetzen. Es kommt häufig vor, dass der Bürgschaftsvertrag und der Hauptvertrag unterschiedliche Verjährungsfristen haben. Daraus stellt sich in Hinsicht auf die Akzessorietät des Bürgschaftsvertrags die Frage, nach welcher Frist der Bürgschaftsvertrag verjährt.

1. Allgemeine Regelungen

Der Bürgschaftsanspruch unterliegt gemäß § 195 BGB einer Verjährungsfrist von 3 Jahren[252]. Die Verjährungsfrist des Bürgschaftsanspruchs beginnt nach § 199 I BGB mit dem Schluss des Jahres, in dem der Bürgschaftsanspruch entstanden ist und nachdem der Gläubiger hiervon Kenntnis erlangt hat. Bei dem Bürgschaftsvertrag entsteht der Bürgschaftsanspruch regelmäßig mit dem Abschluss des Bürgschaftsvertrags. Das heißt, dass der Bürgschaftsanspruch in dem Zeitpunkt entsteht, von dem an der Gläubiger vom Bürgen die Leistung verlangen kann.
Erhebt der Bürge die Einrede der Vorausklage, sofern diese nicht nach § 773 BGB ausgeschlossen ist, wird die Verjährung des Bürgschaftsanspruchs nach § 771 S. 2 BGB gehemmt, bis der Gläubiger eine Zwangsvollstreckung gegen den Hauptschuldner ohne Erfolg versucht hat. Gemäß § 209 BGB wird der Zeitraum, während dessen die Verjährung gehemmt ist, nicht mit eingerechnet. Bei der Hemmung der Verjährung während des Zwangvollstreckungsversuchs gegen den Hauptschuldner ist es notwendig, dass die Einrede der Vorausklage vom Bürgen tatsächlich

[252] Durch das Schuldrechtsmodernisierungsgesetz aus dem Jahre 2002 wurde die regelmäßige Verjährungsfrist von 30 Jahren (§ 195 BGB a.F.) auf 3 Jahre verkürzt.

geltend gemacht wird.[253]
Aufgrund der akzessorischen Eigenschaft der Bürgschaft kann der Bürge sich nach § 768 I S. 1 BGB auf die Verjährung der Hauptverbindlichkeit berufen. Dies ist für den Bürgen besonders relevant, wenn die Hauptverbindlichkeit einer kürzeren Verjährungsfrist unterliegt.[254]
Die Verjährungsfrist kann auch von den Parteien des Bürgschaftsvertrags individuell vereinbart werden. Allerdings muss die Parteienvereinbarung den Kriterien des § 202 BGB und der AGB-Kontrolle entsprechen.

2. Meinungstand in der Literatur und die Entwicklung der Rechtsprechung

Wann der Verjährungsbeginn des Bürgschaftsanspruchs eintritt, ist in der Literatur umstritten. Nach wohl herrschender Ansicht[255] beginnt die Verjährung des Bürgschaftsanspruchs erst mit der Inanspruchnahme des Gläubigers gegenüber dem Bürgen. Da es sich auf einen selbstständigen Anspruch bezieht, ist die für die jeweilige Hauptverbindlichkeit geltende Verjährungsfrist nicht ausschlaggebend[256].
Die Gegenmeinung geht davon aus, dass der Verjährungsbeginn der Bürgschaftsforderung mit die Fälligkeit der gesicherten Hauptverbindlichkeit ohne Berücksichtigung der Erfüllungsforderung des Gläubigers eintritt.[257] Die Begründung liegt darin, dass man beim Bürgschaftsanspruch nicht von einem „verhaltenen Anspruch“ sprechen kann.[258] Ein „verhaltener Anspruch“ ist erst fällig, wenn der Gläubiger die Erfüllung vom Schuldner verlangt.

---

[253] Schlösser, NJW 2006, S. 645, 649.
[254] Vgl. BGH WM 1985, S. 1387; Staudinger/Horn, § 768, Rn. 12.
[255] BGH NJW 1989, S. 1284; BGH NJW 1991, S. 100; OLG Hamm WM 1983, S. 772; OLG Düsseldorf, BauR 1984, S. 407 f.; Staudinger/Horn, § 765, Rn. 126.
[256] OLG Düsseldorf MDR 1975, S. 1019; Staudinger/Horn, § 765, Rn. 273.
[257] Weber, S. 61; Lwowski/Merkel, S. 42; Hohmann, WM 2004, S. 760; Tiedtke, JZ 2006; S. 945.
[258] Lwowski/Merkel, S. 43.

Über den Verjährungsbeginn des Bürgschaftsanspruchs findet sich nicht nur in der Literatur, sondern auch in der Rechtsprechung des BGH kein eindeutiges Ergebnis. Die Rechtsprechung des BGH stimmte zunächst mit der herrschenden Meinung überein[259]. Später hat der BGH allerdings in den neuen Entscheidungen seine frühere Rechtsprechung nicht übernommen und folgt der Gegenmeinung, insbesondere im Falle der selbstschuldnerischen Bürgschaft.[260] Der BGH hat in seinem Leitsatz in dem Urteil vom 29.01.2008[261] festgestellt: „Die Fälligkeit der Forderung aus einer selbstschuldnerischen Bürgschaft tritt, sofern die Parteien nichts anderes vereinbaren, mit der Fälligkeit der Hauptschuld ein und ist nicht von einer Leistungsaufforderung des Gläubigers abhängig".
Umstritten ist auch, ob der Bürgschaftsanspruch einer selbstständigen Verjährungsfrist oder der Verjährungsfrist der Hauptforderung unterliegt. Nach der vorherrschenden Ansicht hat der Bürgschaftsanspruch eine eigene selbstständige Verjährungsfrist, die unabhängig von der gesicherten Hauptforderung ist.[262] Allerdings wurden kaum ausdrückliche Gründe dafür geäußert[263].
Gegen die herrschende Meinung vertritt *Bydlinski* die Auffassung, dass die Verjährung des Bürgschaftsanspruchs zugleich mit der Verjährung der Hauptforderung eintritt.[264] Seinem Ansatzpunkt liegt zugrunde, dass hier der Schutz des Bürgen im Vordergrund stehen soll.

3. Kritik

Die herrschende Meinung kann nicht überzeugen. Würde man ihr folgen,

---

[259] BGH NJW 1989, S. 1284; BGH ZIP 1990, S. 1393.
[260] BGH NJW 2008, S. 1729; BGH ZIP 2008, S. 1762.
[261] BGH NJW 2008, S. 1729.
[262] Palandt/Ellenberger, § 195, Rn. 3; MüKo/Grothe, § 195, Rn. 5; Hohmann, WM 2004, S. 760; Gay, NJW 2005, S. 2585.
[263] Bolten, ZGS 2006, S. 141.
[264] Bydlinski, ZIP 1989, S. 953 ff.

so dass die Verjährung der Bürgschaft ohne Rücksicht auf die Fälligkeit der Hauptforderung beginnt, so könnte der Gläubiger die Entscheidungsfreiheit haben, wann er den Anspruch gegen den Bürgen erheben will. Dies würde dazu führen, dass der Verjährungsbeginn der Bürgschaft völlig der Steuerung des Gläubigers unterliegt.[265] Dabei wäre es möglich, dass die Verjährung der Bürgschaft erst kurz vor Ende der Verjährungsfrist der Hauptforderung beginnt und der Bürge infolgedessen benachteiligt wird. Demnach würde die herrschende Meinung dem Zweck des § 195 BGB nach der Schuldrechtsmodernisierung widersprechen, der darin liegt, dass durch die Verkürzung der regelmäßigen Verjährungsfrist (von 30 Jahren auf 3 Jahre) der Gläubiger seinen Anspruch ohne Verzögerung vernünftig geltend machen soll.
Der anderen in der Literatur vertretenen Ansicht, nach der die Verjährung der Bürgschaftsforderung mit der Fälligkeit der gesicherten Forderung beginnt, schließt sich der BGH zwar durch die aktuellen Urteile an, ihr ist jedoch im Ergebnis nicht zu zustimmen. Denn die Bürgschaftsforderung ist inhaltlich abweichend von der Hauptforderung, obwohl sie von der Hauptforderung akzessorisch ist. Würde die obrige Ansicht angenommen, würde man den Gläubiger in eine ungünstige Lage bringen. Er könnte sich lediglich auf die Verjährungsfrist der Hauptforderung berufen. Dadurch würde die reguläre Verjährungsfrist der Bürgschaft ihre rechtliche Bedeutung verlieren.
Die Auffassung von *Bydlinski*, wonach der Bürgschaftsanspruch mit der gleichen Frist wie die Hauptforderung verjährt, hat den Fall vernachlässigt, in dem die Bürgschaftsverjährung kürzer als die Verjährung der Hauptforderung ist, und ihr ist deshalb nicht zuzustimmen.

4. Eigener Standpunkt

Das Interesse des Bürgen ist, dass sich der Gläubiger die Befriedigung

---

[265] Bolten, ZGS 2006, S. 144.

allein beim Hauptschuldner verschafft. Dagegen liegt das Interesse des Gläubigers darin, dass er die Gelegenheit hat, sowohl beim Hauptschuldner, als auch beim Bürgen Befriedigung suchen zu können. Der Interessenkonflikt zwischen dem Bürgen und dem Gläubiger ist auf die Frage nach der Verjährung der Bürgschaft zurückzuführen. Aus dem Konflikt ist ersichtlich, dass der Bürge eine kurze Verjährungsfrist, der Gläubige dagegen eine langfristige Verjährung wünscht. Dabei ist es bedeutsam, wie der Gesetzgeber ein Interessengleichgewicht zwischen den Parteien des Bürgschaftsvertrags herstellt. Eine Darstellung des Interessengleichgewichts ergibt sich beispielsweise aus § 771 BGB. Der Gesetzgeber räumt einerseits dem Bürgen das Leistungsverweigerungsrecht nach § 771 S. 1 BGB, also die Einrede der Vorausklage, ein. Andererseits gibt er durch die Hemmung der Bürgschaftsverjährung gemäß § 771 S. 2 BGB auch dem Gläubiger die Möglichkeit, dass dieser mit genügender Zeit die Befriedigung beim Bürgen verlangen kann. Die unterschiedlichen Meinungen zur Bürgschaftsverjährung beruhen darauf, dass unterschiedliche Abwägungskriterien zwischen dem Sicherungszweck, dem Bürgenschutz, der Akzessorietät und der Subsidiarität bestehen.

Die Bürgschaftsverjährung beginnt mit dem Leistungsverlangen des Gläubigers. Dies stimmt mit dem Sicherungszweck der Bürgschaft überein. Dabei muss dem Gläubiger genügend Zeit zur Verfügung gestellt werden, die Befriedigung vom Bürgen zu suchen, wenn er die Forderung vom Hauptschuldner nicht erhalten kann. Jedoch kann der Gläubiger nicht für unbegrenzte Zeit die Leistungserforderung gegen den Bürgen verzögern. Der Grundsatz von Treu und Glauben nach § 242 BGB muss hier beachtet werden.

Der Bürgschaftsanspruch verjährt grundsätzlich selbstständig nach §§ 195, 199 BGB nach drei Jahren. Wenn die Hauptforderung eine kürzere Verjährungsfrist hat, kann sich der Bürge nach § 768 I S. 1 BGB auf Verjährung der Hauptforderung berufen. Der Bürge verliert nach § 768 II BGB die Einrede der Verjährung der Hauptforderung aber nicht, falls der

Hauptschuldner auf sie verzichtet. Dabei verjährt der Bürgschaftsanspruch mit der Verjährung der Hauptforderung. Das Argument besteht darin, dass der Bürge nicht schlechter als der Hauptschuldner gestellt werden darf. Der Grundgedanke der zentralen Regelungen der Verjährung nach §§ 195, 199 BGB trifft hier genau das Ziel des Bürgenschutzes.

F. Die Rechtsbeziehung zwischen Bürgen und Hauptschuldner

I. Der Anspruch auf Aufwendungsersatz aus dem Innenverhältnis zwischen Bürgen und Hauptschuldner

Das Rechtverhältnis zwischen Bürgen und Hauptschuldner, das zu dem „Dreiecksverhältnis" gehört, kann z.B. ein Auftrag, ein Geschäftsbesorgungsvertrag oder eine Geschäftsführung ohne Auftrag sein. Daher kann der Bürge zunächst nach §§ 670, 675, 683 BGB vom Hauptschuldner Ersatz seiner Aufwendungen verlangen, wenn er den Gläubiger befriedigt hat.

II. Befreiungsanspruch des Bürgen gegen den Hauptschuldner vor Befriedigung des Gläubigers

Ist der Bürge berechtigt, nach § 670 BGB Aufwendungsersatz vom Hauptschuldner zu verlangen, so könnte sich der Bürge gemäß § 257 BGB gegenüber dem Hauptschuldner von der Bürgschaftshaftung befreien.[266] Dies würde allerdings dem wirtschaftlichen Zweck der Bürgschaft widersprechen[267]. Daher steht dem Bürgen vor Befriedigung des Gläubigers der Befreiungsanspruch nur dann zu, wenn die bestimmten Voraussetzungen des § 775 BGB erfüllt sind. Es müssen die in § 775 BGB genannten Gefährdungstatbestände vorliegen. Das ist der Fall, wenn sich die Vermögensverhältnisse des Hauptschuldners wesentlich

266 Looschelders, S. 355.
267 Staudinger/Horn, § 775, Rn. 1.

verschlechtert haben (§ 775 I Nr. 1 BGB);
wenn die Rechtsverfolgung gegen den Hauptschuldner infolge einer nach der Übernahme der Bürgschaft eingetretenen Änderung des Wohnsitzes, der gewerblichen Niederlassung oder des Aufenthaltsortes des Hauptschuldners wesentlich erschwert ist (§ 775 I Nr. 2 BGB);
wenn der Hauptschuldner mit der Erfüllung seiner Verbindlichkeit im Verzug ist (§ 775 I Nr. 3 BGB); oder
wenn der Gläubiger gegen den Bürgen ein vollstreckbares Urteil auf Erfüllung erwirkt hat (§ 775 I Nr. 4 BGB).
Die Befreiung wird vom Hauptschuldner dadurch bewirkt, dass er die Hauptschuld erfüllt oder den Gläubiger zum Verzicht auf die Bürgschaftsforderung (z. B. unter Bestellung anderer Sicherheiten) veranlasst.[268] Auf welche Art und Weise der Hauptschuldner den Bürgen freistellen soll, kann der Hauptschuldner frei entscheiden.[269] Vor Fälligkeit der Hauptverbindlichkeit kann der Hauptschuldner gemäß § 775 II BGB den Befreiungsanspruch auch durch Sicherheitsleistung (§§ 232 ff. BGB) abwenden[270].
§ 775 BGB ist eine dispositive Vorschrift[271], so dass der Befreiungsanspruch durch Parteivereinbarung beschränkt oder erweitert werden kann.

III. Regressansprüche des Bürgen gegen den Hauptschuldner nach Befriedigung des Gläubigers

Nach § 774 I S. 1 BGB geht die Forderung des Gläubigers gegen den Hauptschuldner auf den Bürgen über, soweit dieser den Gläubiger befriedigt. Es handelt sich also um einen Gläubigerwechsel kraft Gesetzes (*cessio legis*), auf den die Vorschriften des rechtsgeschäftlichen Forderungsübergangs gemäß § 412 BGB anzuwenden sind. Bei der Befriedi-

---

[268] Brox/Walker, S. 396; vgl. Erman/Herrmann, § 775, Rn. 2.
[269] Staudinger/Horn, § 775, Rn. 4.
[270] Dies kommt nur bei § 775 I Nr. 1 und 2 in Betracht.
[271] Erman/Herrmann, § 775, Rn. 3.

gung des Gläubigers durch den Bürgen erlischt nur die Bürgenschuld, die Hauptverbindlichkeit bleibt davon aber unberührt.[272]

Nach Befriedigung des Gläubigers stehen dem Bürgen zwei Ansprüche gegen den Hauptschuldner zu: Der Anspruch aus der übergegangenen Forderung nach § 774 I S. 1 BGB und der Aufwendungsersatzanspruch aus dem Innenverhältnis mit dem Hauptschuldner. Diese zwei Ansprüche stehen in Konkurrenz zueinander und der Bürge kann entscheiden, welchen der beiden Ansprüche er erheben will. Er kann auch beide Ansprüche verfolgen, wenngleich er selbstredend nur einmal Befriedigung verlangen kann. [273] Zweck des § 774 I BGB ist es, den Aufwendungsersatzanspruch des Bürgen zu sichern und zu verstärken[274] und dem Bürgen über §§ 412, 401 BGB den Rückgriff auf andere Sicherheiten, die für die Hauptverbindlichkeit bestellt sind, zu eröffnen[275]. Ein Nachteil für den Bürgen ist die Verjährung seines Rückgriffsanspruchs aus § 774 I S. 1 BGB. Die Forderung entstand bereits, bevor sie auf den Bürgen übergegangen war, folglich begann die Verjährungsfrist der Forderung nach § 199 I BGB schon vor dem Zeitpunkt des Übergangs. Es ist dann auch möglich, dass unmittelbar nach dem Übergang die Forderung schon verjährt ist.[276]

Mit der Forderung des Gläubigers gegen den Hauptschuldner gehen auch die akzessorischen Sicherungsrechte (z. B. Hypotheken oder Pfandrechte), die für diese Forderung einstehen, sowie die gesetzlichen Vorzugsrechte gemäß § 401 BGB auf den Bürgen über. Dagegen findet ein gesetzlicher Übergang der Sicherungsrechte (z. B. Grundschulden), die nicht akzessorisch sind, auf den Bürgen nicht statt. Aber steht es ihm gegen den Gläubiger ein Anspruch zu, bei dem er den Übergang dieser Sicherungsrechte verlangen kann (analoge Anwendung der §§ 774, 401, 412 BGB), weil

[272] RGZ 134, S. 126 ff.
[273] Staudinger/Horn, § 774, Rn. 5; Hk-BGB/Staudinger, § 774, Rn. 2.
[274] Reinicke, DB 1967, S. 848 f.
[275] Larenz/Canaris, S. 15.
[276] Medicus/Lorenz, S. 333 f.

bei dem Bürgen ein ähnliches Wirtschaftsverhältnis vorliegt.[277]
Bei der *cessio legis* kann der Hauptschuldner sich auch gegen den Bürgen verteidigen. Dabei stehen dem Hauptschuldner gegen den Bürgen nicht nur die Einwendungen und Einreden nach §§ 412, 404 BGB zu, die er gegenüber dem Gläubiger hatte[278], sondern auch die Einwendungen aus dem Innenverhältnis zwischen ihm und dem Bürgen gemäß § 774 I S. 3 BGB.
Nach § 774 I S. 2 BGB kann der Forderungsübergang nicht zum Nachteil des Gläubigers geltend gemacht werden. Wenn der Übergang der akzessorischen Nebenrechte auf den Bürgen dadurch stattfindet, dass er den Gläubiger teilweise befriedigt hat, dienen diese Nebenrechte demnach vorrangig zur Befriedigung des Gläubigers.[279]
Verbürgt sich ein Bürge für die Verbindlichkeit aller Gesamtschuldner, so gehen die Forderungen gegen alle Gesamtschuldner auf den Bürgen über, wenn er den Gläubiger befriedigt hat. Er kann daher gegen jeden der Gesamtschuldner den Rückgriffsanspruch erheben[280]. Hat der Bürge sich dagegen nur für einen Gesamtschuldner verbürgt, geht bei seiner Leistung an den Gläubiger nur die Forderung gegen diesen Gesamtschuldner auf ihn über.[281] Auf ihn gehen die Ansprüche gegen die restlichen Gesamtschuldner nur insoweit über, als der Gesamtschuldner, für den er die Bürgschaft übernommen hat, von diesen den internen Regressanspruch verlangen kann.[282]

---

[277] BGHZ 110, S. 41 (43); Looschelders, S. 356.
[278] Da die Rechtsstellung des Schuldners durch die *cessio legis* nicht beeinträchtigt werden soll, vgl. Brox/Walker, S. 395.
[279] BGH WM 1990, S. 260 (261); vgl. Lwowski/Merkel, S. 59.
[280] BGHZ 46, S. 14 (15).
[281] BGH NJW 1976, S. 2135; Reinicke, NJW 1966, S. 2141 f.; Weizel, JuS 1981, S. 116 f..
[282] BGHZ 46, S. 14 (16); Lepach, S. 12.

G. Ende der Bürgschaftshaftung

I. Ende der Bürgschaftshaftung durch Erlöschen der Hauptverbindlichkeit

Aufgrund des akzessorischen Charakters der Bürgschaft erlischt auch die Bürgschaftsverpflichtung, wenn die Hauptverbindlichkeit untergeht. Der Untergang der Hauptverbindlichkeit kann insbesondere durch Erfüllung des Hauptschuldners (§ 362 I BGB), Erfüllung eines Dritten[283] (§ 267 I BGB), Rücktritt (§§ 346 ff. BGB) oder Erlass der Hauptschuld (§ 397 BGB) stattfinden.

II. Ende der Bürgschaftshaftung aus den selbstständigen Gründen des Bürgschaftsvertrags

1. Allgemeine selbstständige Beendigungsgründe

Wie jedes Schuldverhältnis kann auch die Bürgschaftsverpflichtung aus den allgemeinen Beendigungsgründen des Vertrags zwischen Bürgen und Gläubiger erlöschen. Die Beendigungsgründe können sich aus Erfüllung des Bürgen, Erfüllungssurrogaten, Aufrechnung, Erlass oder Rücktritt des Bürgschaftsvertrags etc. ergeben.

2. Zeitablauf

a. Zeitablauf bei Zeitbürgschaft

Wurde die Bürgschaft nur auf bestimmte Zeit übernommen (Zeitbürgschaft), so wird der Bürge nach Ablauf der Zeit frei, wenn der Gläubiger nicht unverzüglich nach Fristablauf die nach § 777 BGB erforderlichen

---

[283] Dieser Dritte kann nicht Bürge sein, weil er seine eigene Verbindlichkeit erfüllt.

Rechtshandlungen vornimmt.
Steht dem Bürgen die Einrede der Vorausklage zu, so muss der Gläubiger nach § 777 I S. 1 BGB unverzüglich die Vollstreckung gemäß § 772 BGB versuchen. Er muss auch dieses Verfahren ohne wesentliche Verzögerung fortsetzen und unverzüglich nach Beendigung des Verfahrens dem Bürgen anzeigen, dass er ihn in Anspruch nimmt. Wird die Inanspruchnahme rechtzeitig angezeigt, so beschränkt sich die Haftung des Bürgen nach § 777 II BGB auf den Umfang, den die Hauptverbindlichkeit zur Zeit der Beendigung des Verfahrens hat.
Wenn dagegen dem Bürgen keine Einrede der Vorausklage zusteht, so wird er gemäß § 777 I S. 2 BGB nach Ablauf der Frist frei, wenn der Gläubiger ihm nicht unverzüglich die Inanspruchnahme anzeigt. Wird diese Anzeige rechtzeitig erklärt, dann haftet der Bürge unbefristet weiter.[284] Dabei verpflichtet sich der Bürge aber nach § 777 II BGB nur auf den Umfang, den die Hauptschuld bei Ablauf der Frist hat.

b. Kündigung

Durch die Kündigung des Bürgschaftsvertrags kann der Bürge die Bürgschaftshaftung mit *ex nunc*-Wirkung beenden. Bei Kündigungen unterscheidet man zwischen der ordentlichen und der außerordentlichen Kündigung.
Hat der Bürge sich für unbestimmte Zeit insbesondere für das Dauerschuldverhältnis oder für die fortdauernde Geschäftsverbindung verbürgt, so kann er den Bürgschaftsvertrag nach Ablauf eines gewissen Zeitraums ordentlich kündigen. Nach Ansicht des BGH wird dieser Zeitraum des Bürgschaftsvertrags von mindestens 3 Jahren als ausreichend angesehen[285]. Daher beträgt die Kündigungsfrist analog zu § 488 III S. 2 BGB

[284] Lwowski/Merkel, S. 58.
[285] BGH WM 1985, S. 969; dieser Zeitraum ist bislang allerdings noch nicht geklärt.

wenigstens 3 Monate[286], so dass der Gläubiger die Möglichkeit hat, sich an die Veränderung seiner Rechtssituation anzupassen[287].
Der Bürge kann auch bei Eintritt eines wichtigen Grundes gemäß § 314 I BGB außerordentlich kündigen.[288] Ein wichtiger Grund ist insbesondere dann gegeben, wenn sich die Vermögensverhältnisse des Hauptschuldners erheblich verschlechtert haben[289] oder ein für Gesellschaftsschulden bürgender Gesellschafter oder Geschäftsführer aus der Gesellschaft ausscheidet[290].

III. Erlöschen der Bürgschaftsverpflichtung nach § 418 BGB

Die Bürgschaftsverpflichtung erlischt nach § 418 I S. 1 BGB, wenn eine dritte Person mit der Zustimmung des Gläubigers an der Stelle des Hauptschuldners die Hauptverbindlichkeit übernommen hat. Allerdings bleibt die Verpflichtung des Bürgen nach § 418 I S. 3 BGB weiter bestehen, wenn er in die befreiende Schuldübernahme eingewilligt hat und diese spätestens zum Zeitpunkt des Wirksamwerdens der Schuldübernahme erklärt hat.

H. Zusammenfassung

Aufgrund der besonderen Situation des Bürgen und des Sicherungscharakters des Bürgschaftsvertrags ist im deutschen Bürgschaftsrecht, das in §§ 765 ff. BGB geregelt ist, die Schutzbedürftigkeit des Bürgen anerkannt.

---

286 BGH WM 1985, S. 1059; vgl. Lwowski/Merkel, S. 57.
287 Lwowski/Merkel, S. 57.
288 BGH WM 1959, S. 856; BGH WM 1985, S. 969; BGH NJW 2003, S. 61; MüKo/Habersack, § 765, Rn. 56; Palandt/Sprau, § 765, Rn. 16; Soergel/Häuser, § 765, Rn.135; Reinicke/Tiedtke, Kreditsicherung, S. 57.
289 BGH WM 1993 S. 897 (898).
290 BGH NJW 1986, S. 252 (253); BGH ZIP 1999, S. 877 (878); MüKo/Habersack, § 765, Rn. 56.

Verschiedene Instrumente sollen den Schutz des Bürgen sicherstellen: Das wichtigste davon ist das Akzessorietätsprinzip, nach dem die Bürgschaft im Bestand, Inhalt, der Forderungszuständigkeit und der Durchsetzbarkeit von der Hauptschuld abhängt. Es findet insbesondere in der Regelungen über die Haftungseinschränkung des Bürgen nach § 767 I S. 3 BGB und die Geltendmachung der Einrede nach §§ 768, 770 I BGB seinen Ausdruck.

Das weitere Instrument ist der Grundsatz der Subsidiarität, der den Sicherungscharakter der Bürgschaft verdeutlicht. Danach haftet der Bürge nur, wenn der Gläubiger vom Hauptschuldner keine Befriedigung erlangen kann. Der Bürgenschutzgedanke der Subsidiarität der Bürgschaft wird durch die „Einrede der Vorausklage“ gemäß § 771 BGB, die Einrede der Aufrechenbarkeit nach § 770 II BGB und die Einwendungen nach § 776 BGB geprägt.

Der Befreiungsanspruch des Bürgen nach § 775 BGB ist ebenfalls eine Erscheinungsform des Bürgenschutzgedankens. Das in § 766 S. 1 BGB geregelte Schriftformerfordernis dient auch dem Bürgenschutz, demnach kann der Bürge von der Gefährlichkeit der Bürgschaft gewarnt werden und eine leichtfertige Übereilung vermeiden[291].

Nicht nur die Regelungen nach §§ 765 ff. BGB selbst, sondern auch einige Vorschriften außerhalb der §§ 765 ff. BGB dienen dem Schutz des Bürgen. Zu nennen sind z. B. Einwendungen des Bürgen gegen den neuen Gläubiger nach § 404 BGB und Verjährungsfrist nach § 195 BGB.

Die Rechtsprechung zeigt insgesamt auch eine Tendenz zum zunehmenden Bürgenschutz, insbesondere durch die Anwendung des § 138 BGB und die Anwendbarkeit des Widerrufsrechts bei Haustürgeschäften nach § 312 BGB auf die Bürgschaft.

---

[291] Vgl. Holznagel, S. 61.

Dritter Teil: Die Bürgschaft im chinesischen Recht

A. Historische Ausgangslage der chinesischen Zivilgesetzgebung

I. Stellung des Zivilrechts in der Geschichte

In China existieren Kodifikationen des Strafrechts bereits seit der Han-Dynastie (汉朝, 202 v. Chr.-220 n. Chr.)[292]. Anders als in den westlichen Rechtsordnungen entwickelte sich in China kaum eine Unterscheidung in öffentliches und privates Recht. Im damaligen chinesischen Rechtssystem waren wenige privatrechtliche Regeln enthalten. Sie wurden lediglich am Rande in den Strafgesetzbüchern erwähnt[293].

Das traditionell-chinesische Rechtssystem und die Rechtstheorie wurzeln hauptsächlich im alten chinesischen, konfuzianisch geprägten Denken, dem im Wesentlichen die Prinzipien der Menschlichkeit (仁), der Gerechtigkeit (义) und des ethischen Verhaltens (礼) zugrunde liegen. Nach diesem Denken sind die Menschen grundsätzlich gut. Sitten, Moral und bestimmte Rituale, die Menschen ordnungsgemäßes Verhalten vorschreiben, bilden die Grundlagen der Gesellschaftsordnung.[294] In dieser Gesellschaftsordnung kann das Recht nur Wirkung entfalten, wenn Moral und Sitten verletzt wurden.[295] Das Ziel des Rechts ist es somit, die Moralisierung der Gesellschaft zu verwirklichen.

Die Unerlässlichkeit eines strengen geschriebenen Strafgesetzes wurde allerdings seit der Han-Dynastie erkannt[296], und man legte entsprechend der fortlaufenden Entwicklung großen Wert darauf, das Strafrecht zu ko-

---

292 Heuser, JZ 1988, S. 896; Zweigert/Kötz, S. 284.
293 Vgl. Lone, Liang, Sinica (VI) 1931, S. 200; Chang, Hsün-yang, ZVglRWiss (71) 1970, S. 47.
294 Baumann, Xiaoyan, S. 22.
295 Lone, Liang, Sinica (VI) 1931, S. 201.
296 Vgl. Lee, Hyeong-Kyu, ZVglRWiss (86) 1987, S. 159.

difizieren[297]. Denn nur die Durchsetzung des Konfuzianismus wurde den Anforderungen an die Herrschaft über China, in dem nicht nur geographisch, sondern auch auf der Ebene von Politik, Wirtschaft und Kultur erhebliche Unterschiede bestanden, nicht gerecht.[298] Daher war das Strafgesetz unentbehrlich, obwohl es nur als zusätzliches Herrschaftsinstrument des Reichs für die Gesellschaftsordnung diente. Von der Tang-Dynastie[299] (唐朝, 618-907) bis zur Qing-Dynastie[300] (清朝, 1644-1911) wurde die Kodifikation des Strafrechts in sichtlicher Kontinuität beibehalten.

Anders als das Strafrecht, das sich kontinuierlich entwickelt hatte, fand das Zivilrecht in China aber kaum Beachtung. Man kann annehmen, dass die chinesische Gesellschaft, die von Agrarpolitik und autarker Naturalwirtschaft geprägt war, keine vollständige Zivilrechtskodifikation benötigte.[301] Die zivilrechtlichen Streitigkeiten wurden vielmehr auf der Basis von Gewohnheitsrecht, das wieder mit Rücksicht auf Moral und Sitte durchgesetzt wurde, ausgetragen.[302] Aus Sicht der Herrscher im alten China wäre die ideale Gesellschaft diejenige, in der keine Klage erhoben würde. Dieser Gedanke entsprach auch dem Konfuzianismus, nach dem die Gesellschaft harmonisiert und stabilisiert werden sollte. Regelmäßig wurde im Streitfall von dem „Guan Fu“ (官府, die zuständige Regierung) darauf hingewirkt, die Streitigkeit nicht durch Klage, sondern durch außergerichtliche Streitbeilegung zu lösen. Demnach war die außergericht-

[297] Das erste nachweisbare Strafgesetzbuch wurde im Jahre 536 v. Chr. im Staat Zheng (806 v. Chr.-375 v. Chr., 郑国) erlassen. Der Staat Zheng war ein Reich in der sog. Frühlings- und Herbstperiode (春秋时期), in der China noch nicht vereint war.

[298] Vgl. Baumann, Xiaoyan, S. 23.

[299] In der Tang-Dynatie war ein reifes und umfassendes Rechtssystem entstanden. Das vollständigste und älteste noch erhaltene chinesische Gesetzbuch ist der Tang-Kodex《唐律》.

[300] Die Qing-Dynastie war die letzte Dynastie in der chinesischen Geschichte.

[301] Mi, Jian, ZfRV (30) 1989, S. 32; Glück, S. 29.

[302] Lin, Pen-Tien, S. 14.

liche Streitbeilegung, die in der Regel dem Hausherrn der Familien oder einer fremden unparteiischen Person oblag, die wichtigste Erscheinungsform des Gewohnheitsrechts.[303] Eine selbstständige Zivilgerichtsbarkeit gab es deshalb nicht[304]. Zivilrecht im westlichen Verständnis war China nach Wesen und Methodik völlig fremd[305]. In der Kaiserzeit prägen die folgenden wichtigen Merkmale die chinesischen Rechtskodifikationen:

1. Integration der Moral in das Recht;
2. Keine strenge Trennung zwischen Zivil- und Strafrecht;
3. Vernachlässigung des Zivilrechts.

II. Notwendigkeit der Zivilrechtskodifikation

Als in Europa die industrielle Revolution begann, stand China auf dem Höhepunkt seiner Macht in Asien, war allerdings noch ein isolierter Feudalstaat mit einer dominierenden autarkischen Naturalwirtschaft. Seit Beginn des 19. Jahrhunderts bemühte sich China zwar, gegen westliche Industriemächte, die weltweit ihre Expansionsbestrebungen vorantreiben wollten, zu kämpfen, jedoch konnte es sich nicht widersetzen.[306] Im Jahre 1840 stellte der „erste Opium-Krieg“[307] zwischen China und Großbritannien einen wichtigen Wendepunkt in der Geschichte Chinas dar. Nach der katastrophalen Niederlage der chinesischen Seite wurde der aus chinesischer Sicht ungleiche „Nanjing Vertrag“[308] von 1842 zwischen bei-

---

303 Baumann, Xiaoyan, S. 23.

304 Zweigert/Kötz, S. 285.

305 Bünger, Das neue chinesische BGB - Seine Entstehungsgeschichte und Systematik, S. 258.

306 Baumann, Xiaoyan, S. 24.

307 Der erste „Opiumkrieg“ war ein militärischer Konflikt zwischen Großbritannien und der Qing-Dynastie von 1839 bis 1842. Nach der Kriegsniederlage wurde China zur Öffnung seiner Märkte und insbesondere zur Duldung des Opiumhandels gezwungen.

308 《中英南京条约》. Der Vertrag wurde am 29. August 1842 an Bord des britischen Kriegsschiffs Cornwallis von Qiying (Vertreter der Qing-Regierung) und Sir Henry Pottinger (Vertreter der britischen Regierung) unterzeichnet. Der Ver-

den Ländern geschlossen.

Danach verwandelte sich China Schritt für Schritt in ein halbkoloniales und halbfeudales Land.

Das Demütigungsgefühl, das nach den „Opiumkriegen“ bei vielen Chinesen aufkam, wurde durch die Niederlage im „China-Frankreich Krieg“ (1883-1885) und insbesondere durch den verlorenen „China-Japan Krieg“[309] (1894-1895) noch vertieft.[310] Japan, das bislang von China kaum beachtet wurde, war bis Mitte des 19. Jahrhunderts in einer ähnlichen Situation wie China. Nachdem China Expansionsmächte der westlichen Industrieländer nur militärisch bekämpft hatte, fing die Führung Japans an, auch ein modernes und fortschrittliches Rechtssystem aufzubauen.[311] Nach anfänglichen vergeblichen Versuchen, sich an dem traditionellen chinesischen Rechtssystem der Ming-Dynastie (明朝, 1368-1644) und der Qing-Dynastie zu orientieren, setzte eine erfolgreiche Rezeption kontinental-europäischen Rechts in der Meiji-Periode (1868-1912) ein[312], die die Wirtschaftsentwicklung und die Rechtsmodernisierung Japans vorantrieb.

Infolge der außenpolitischen Veränderung, insbesondere der erlebten

---

trag sah in seinen 13. Artikeln vor: China öffnet die Häfen von Kanton, Xiamen, Fuzhou, Ningbo und Shanghai für den freien Handel mit Großbritannien, tritt Hongkong an Großbritannien ab und zahlt eine Entschädigung von insgesamt 21 Mio. Silberdollar an Großbritannien. Zölle für Export und Import für britische Waren sollten im beiderseitigen Einverständnis festgelegt werden.

309 Nach der Kriegsniederlage wurde der ungleiche „Vertrag von Shimonoseki“《马关条约》am 17. April 1895 geschlossen. Als zentrale Bestimmung sah der Vertrag die Abtretung Taiwans, der Pescadores-Inseln sowie der Halbinsel Liaodong an Japan vor. Außerdem sollte China die „Autonomie Koreas“ anerkennen und verpflichtete sich zur Öffnung von vier weiteren Handelshäfen (Shashi, Chongqing, Suzhou, Hangzhou) für Japan. Die Qing-Regierung verpflichtete sich zur Zahlung von 200 Mio. Silber-Tael als Kriegsentschädigung an Japan.

310 Vgl. Osterhammel, S. 126.

311 Marutschke, S. 34.

312 Diese Rezeption wird als die „zweite Rezeption“ bezeichnet. Die sog. „erste Rezeption“ ist die Übernahme des Rechtssystems der chinesischen Tang-Dynastie (618-907). Senger, ZfRV (17) 1976, S. 206; Marutschke, S. 19.

Kriegsniederlagen und zu leistenden Kriegsentschädigungen, war China auch in eine innenpolitische Krise geraten. Das Volk lebte in Not und Elend, und es kam mehrfach zu heftigen Aufständen.[313] Um die feudale Herrschaft der Qing-Dynastie zu retten, forderte der Kaiserhof in 1898 daher dringend die Durchführung einer Rechtsreform.[314] Nach der erfolgreichen Erfahrung mit der japanischen Rechtsreform entschloss man sich, eine Zivilrechtskodifikation als wichtigen Schritt zur Rechtsmodernisierung Chinas auszuarbeiten.

In China wurde der kontinental-europäischen Zivilrechtskodifikation gegenüber dem anglo-amerikanischen Recht der Vorzug gegeben. Denn nach der chinesischen Rechtstradition war in China bis in die Neuzeit nur ein geschriebenes und begrifflich abstrakt ausgearbeitetes Strafgesetzbuch (Tang-Kodex) bekannt.[315] Vor diesem Hintergrund ist es in China bedeutend einfacher, ein geschriebenes Gesetz, das eine komplette Struktur, innere Logik und geschlossene Systematik aufweist, zu rezipieren.[316] Im Gegensatz dazu wäre es in China ungewöhnlich, Fallrecht zu übernehmen, da dieses auf unzähligen und unübersichtlichen Präzedenzfällen beruht[317] und es in China keine Rechtsprechung gab.

III. Geschichte der chinesischen Zivilrechtskodifikation

1. Der erste Entwurf eines chinesischen ZGB in der Qing-Dynastie (1911)

Im September 1907 wurde eine Kodifikationskommission, die ein Zivil-

---

313 Die „TaipingTianguo-Bewegung“ (太平天国运动, 1851-1864) war der größte Bauernaufstand in der chinesischen Geschichte. Sie endete mit der Niederlage gegen die Qing-Armee, hat jedoch die Herrschaft der Qing-Dynastie in ihren Grundfesten erschüttert.

314 Vgl. Bünger, Die Rezeption des europäischen Rechts in China, S. 170.

315 Vgl. Baumann, Xiaoyan, S. 30.

316 Wang, Zejian, AcP (166) 1966, S. 346; Shao, Jiandong, JZ 1999, S. 82.

317 Wang, Zejian, AcP (166) 1966, S. 346; Shao, Jiandong, JZ 1999, S. 82.

gesetzbuch ausarbeiten sollte, auf kaiserlichen Befehl gegründet. Dabei wurden die allgemeinen Grundprinzipien des kontinental-europäischen Rechtssystems, die die chinesischen Sitten, Gewohnheiten und Traditionen berücksichtigen sollten, im chinesischen Zivilgesetzbuch aufgenommen.[318] Bei der Ausarbeitung des chinesischen Zivilgesetzbuchs hat auch das japanische Recht eine große Rolle gespielt. Sowohl zunächst bei Übernahme des französischen Code Civil[319] als auch später bei der Rezeption des deutschen BGB[320] haben die japanischen Juristen bedeutende Vorarbeit geleistet, dabei wurden die westlichen juristischen Begriffe kreativ in alte chinesische Schriftzeichen übertragen.[321] Dies war selbstverständlich für die chinesischen Juristen eine große Erleichterung, um die Rechtssprache und Rechtsdefinitionen aus Europa verstehen und übernehmen zu können.[322] In dieser Situation wurde der „Entwurf des Zivilgesetzbuches der Großen Qing-Dynastie“ (《大清民律草案》) mit Unterstützung japanischer Juristen[323] nach den Vorbildern des japanischen ZGB, des deutschen BGB und des Schweizer Obligationenrechts ausgearbeitet. Die Gliederung dieses Entwurfs, der im August 1911 fer-

---

[318] Baumann, Xiaoyan, S. 28.

[319] Bei der Rezeption des kontinentalen Rechtssystems in der Meiji-Periode wurde zunächst der französische Code Civil übersetzt und als Vorbild für den Entwurf des japanischen BGB a.F. herangezogen. Allerdings war dieser Entwurf aufgrund des sog. “Kodifikationsstreites” nicht in Kraft getreten.

[320] Am 16. Juli 1898 wurde das neue japanische BGB in Kraft gesetzt, dessen erste drei Bücher (Allgemeiner Teil, Sachenrecht und Schuldrecht) den Aufbau und den Inhalt des ersten Entwurfs zum deutschen BGB von 1887 rezipierten. Eisenhardt, Rn. 576.

[321] Die chinesischen Schriftzeichen wurden von Japan übernommen; Baumann, Xiaoyan, S. 27.

[322] Vgl. Bünger, Zivil- und Handelsgesetzbuch sowie Wechsel- und ScheckG von China, S.16.

[323] Im Jahr 1908 wurde der Japaner Matsuoka Yoshimasa als Berater beauftragt, den Allgemeinen Teil, das Schuldrecht und das Sachenrecht des chinesischen ZGB auszuarbeiten. Er war ehemaliger Richter am Obersten japanischen Gerichtshof in Tokyo und lehrte auch an der Pekinger Rechtsakademie. vgl. Senger, ZfRV (17) 1976, S. 211.

tiggestellt wurde, wurde nach dem Pandektensystem in fünf Teilbereiche und in der gleichen Reihenfolge wie das deutsche BGB eingeteilt.[324] Außerdem folgte der Entwurf auch dem deutschen Rechtsprinzip der Trennung von Zivil- und Handelsrecht[325].
Der „Entwurf des Zivilgesetzbuches der Großen Qing-Dynastie" wird als das erste Bürgerliche Gesetzbuch in der chinesischen Rechtsgeschichte bezeichnet, und mit ihm wurde die zukünftige Richtung des chinesischen ZGB festgelegt,[326] obwohl er infolge der politischen Umwälzungen[327] im Jahre 1911 weder verkündet wurde noch in Kraft getreten ist.

2. Die Entwicklung in der Republik China (1912-1949)

Nach der Gründung der chinesischen Republik in 1912 wurde ein Zivilgesetzbuch, dem der Entwurf der Qing-Dynastie zugrunde lag, von einer neuen Kommission in Angriff genommen. Allerdings ging die Kodifikationsarbeit nur langsam voran, weil in China mehrere Jahre andauernde politische Unruhen auf die Verkündung der Republik folgten.[328] Erst im Jahre 1925 wurde der „Entwurf des ZGB der chinesischen Republik" (《中华民国民律草案》) veröffentlicht. Dieser Entwurf, der die deutschen und japanischen Zivilrechtsprinzipien weiterhin umfangreich übernommen hat, umfasste auch fünf Bücher mit insgesamt 1522 Paragrafen: Allgemeiner Teil, Schuldrecht, Sachenrecht, Familienrecht sowie

[324] Dieser Entwurf enthielt 1569 Paragrafen in fünf Büchern: Allgemeiner Teil, Schuldrecht, Sachenrecht, Familienrecht und Erbrecht. Shao, Jiandong, JZ 1999, S. 80; Liang, Huixing, Newsletter der Deutsch-Chinesischen Juristenvereinigung e.V., Heft 2/2003, S. 68.
[325] Bünger, Zivil- und Handelsgesetzbuch sowie Wechsel- und ScheckG von China, S.16; Shao, Jiandong, JZ 1999, S. 80; Liang, Huixing, AcP (194) 1994, S. 489.
[326] Vgl. Liang, Huixing, Newsletter der Deutsch-Chinesischen Juristenvereinigung e.V., Heft 2/2003, S. 69.
[327] 1911 stürzte die Qing-Dynastie durch die Xinhai-Revolution. Am 1. Januar 1912 erklärte sich China offiziell zur Republik.
[328] Schulze, S. 47.

Erbrecht.[329] Im Gegensatz zum Entwurf von 1911, in dem nur Individuen im Mittepunkt standen, berücksichtigte er vielmehr die allgemeine gesellschaftliche Moral und die allgemeinen gesellschaftlichen Interessen. Der Entwurf von 1925 fand insbesondere seinen Ausdruck in den Vorschriften über die guten Sitten und über die Beschränkung auf Vertragsfreiheit. Allerdings wurde der Entwurf von 1925 aufgrund der innenpolitischen Unruhen und des späteren Untergangs der Regierung nicht als Gesetz erlassen[330].

Seit 1927 regierte die Partei „Guomindang“ (GMD) in China und gründete im Jahre 1928 in der neuen Hauptstadt Nanjing (南京) ein Gesetzgebungsamt (立法院). Dieses beschäftigte sich seit 1929 in mehreren Einzelschritten mit der Ausarbeitung eines neuen chinesischen ZGB, die die beiden vorhergehenden Entwürfe von 1911 und 1925 verbessern sollte.[331] Im Mai 1931 wurde das „Zivilgesetzbuch der chinesischen Republik“ (《中华民国民法典》) in fünf einzelnen Büchern (Allgemeiner Teil[332], Schuldrecht[333], Sachenrecht[334], Familienrecht[335] und Erbrecht[336]) mit 1225 Paragrafen insgesamt in Kraft gesetzt. Durch Erlass dieses ZGB beabsichtigte man, das Gesetzessystem Chinas zu vereinheitlichen.[337]

---

329 Dieser Entwurf sah auch die Trennung zwischen Zivil- und Handelsrecht vor. Bünger, Zivil- und Handelsgesetzbuch sowie Wechsel- und ScheckG von China, S.20.

330 Bünger, Das neue chinesische BGB-Seine Entstehungsgeschichte und Systematik, S. 260.

331 Vgl. Liang, Huixing, Newsletter der Deutsch-Chinesischen Juristenvereinigung e.V., Heft 2/2003, S. 69; Schulze, S. 48.

332 Der Allgemeine Teil umfasste 152 Paragrafen und trat am 10.10.1929 in Kraft.

333 Das Schuldrecht enthielt 604 Paragrafen und wurde am 05.05.1930 in Kraft gesetzt.

334 Das Sachenrecht bestand aus 211 Paragrafen und trat am 05.05.1930 in Kraft.

335 Das Familienrecht umfasste 171 Paragrafen und trat am 05.05.1931 in Kraft.

336 Das Erbrecht enthielt 88 Paragrafen und wurde am 05.05.1930 in Kraft gesetzt.

337 Liang, Huixing, AcP (194) 1994, S. 487.

Zudem diente es auch der politischen Einheit[338]. Im Hinblick auf den Inhalt der einzelnen Bücher überwog der deutsche Einfluss im Aufbau und den Einzelvorschriften der ersten drei Bücher[339]. Die letzten beiden Bücher, das Familien- und Erbrecht, hingegen lehnten sich eindeutig an das japanische und französische Zivilrecht an.[340] Anders als in den beiden vorhergehenden Entwürfen war man dem deutschen Prinzip der Trennung von Zivil- und Handelsrecht allerdings nicht gefolgt und integrierte die allgemeinen handelsrechtlichen Bestimmungen in das Schuldrecht[341].
Nach der Verkündung des chinesischen ZGB versuchte die GMD, das moderne rezipierte Zivilrecht durchzusetzen und weiterzuentwickeln. Die Entwicklung des Zivilrechts wurde jedoch infolge der japanischen Aggression im Jahre 1937 und des darauf folgenden achtjährigen „Anti-japanischen Kriegs" unterbrochen. Nach der Kapitulation Japans 1945 brach ein vierjähriger Bürgerkrieg (06.1946-06.1950) zwischen den Kommunisten und der GMD-Regierung aus; diese musste sich nach ihrer Niederlage auf die Insel Taiwan zurückziehen. Der Aufbau der juristischen Infrastruktur, die rechtswissenschaftliche Förderung und Bildung von Juristen wurden vernachlässigt, da der dauerhafte Krieg und die innere Unruhe zu einer instabilen politischen Atmosphäre auch für die Rechtsentwicklung führten.[342]

3. Einfluss des deutschen BGB

Die Entwicklung der chinesischen Zivilrechtskodifikation vom Ende der Qing-Dynastie (1907) bis zur Republik (1949) zeigt eindeutig, dass sich

---

[338] Liang, Huixing, AcP (194) 1994, S. 487.
[339] Schulze, S. 48.
[340] Bünger, Das neue chinesische BGB-Seine Entstehungsgeschichte und Systematik, S. 263.
[341] Bünger, Zivil- und Handelsgesetzbuch sowie Wechsel- und ScheckG von China, S. 21.
[342] Baumann, Xiaoyan, S. 32.

das chinesische Zivilrecht an dem kontinental-europäischen Rechtssystem orientierte. Innerhalb der kontinental-europäischen Rechtskreise wurde dabei das deutsche BGB gegenüber dem französischen Code Civil bevorzugt. Die Ursache dafür liegt darin, dass der französische Code Civil trotz seiner Pionierstellung der Zivilgesetzgebung im Europa des 19. Jahrhunderts gegenüber dem fast hundert Jahre später entstandenen deutschen BGB in vielerlei Hinsicht überholt schien[343]. Aus chinesischer Sicht war das junge BGB aufgrund seiner Gesetzestechnik und begrifflichen Präzision das beste und modernste Zivilgesetzbuch seiner Zeit[344]. Während des gesamten Gesetzgebungsverfahrens war zwar kein deutscher Rechtswissenschaftler unmittelbar beteiligt[345], jedoch sind im chinesischen Zivilgesetzbuch die Spuren des deutschen BGB deutlich zu erkennen. Denn die zahlreichen chinesischen Juristen, die mit Unterstützung des chinesischen Kaiserhofs Rechtswissenschaft in Japan studiert hatten, hatten dort wesentliche Beeinflussung und Prägung durch die deutsche Rechtswissenschaft erfahren.[346]

In dem „Entwurf des Zivilgesetzbuches der Großen Qing-Dynastie" in 1911 zeigt sich, dass sich China seitdem bei der Rezeption ausländischen Rechts vor allem am deutschen BGB orientiert.[347] Die Geschichte der Rezeption des deutschen BGB in China zeigt, dass China von seinem ursprünglichen traditionell-chinesischen Rechtssystem nun endgültig zum kontinental-europäischen Rechtssystem überging.[348]

---

343 Vgl. Liang, Huixing, Newsletter der Deutsch-Chinesischen Juristenvereinigung e.V., Heft 2/2003, S. 69.

344 Vgl. Shao, Jiandong, JZ 1999, S. 84; Liang, Huixing, Newsletter der Deutsch-Chinesischen Juristenvereinigung e.V., Heft 2/2003, S. 69.

345 Bünger, Das neue chinesische BGB-Seine Entstehungsgeschichte und Systematik, S. 257.

346 Vgl. Bünger, Zivil- und Handelsgesetzbuch sowie Wechsel- und ScheckG von China, S.16.

347 Vgl. Schulze, S. 54.

348 Lee, Hyeong-Kyu, ZVglRWiss (86) 1987, S. 170.

B. Die Geschichte der Bürgschaft als Rechtsinstitut

I. Bürgschaftsrecht vor 1949

Die chinesischen Regelungen, die sich mit dem Thema der Bürgschaft befassen, haben eine lange Geschichte. Der Rechtsbegriff der Bürgschaft, der ursprünglich aus dem Westen stammt, war allerdings im alten China nicht gegeben. Stattdessen ergaben sich ähnliche Mittel, die die Forderung des Gläubigers sichern konnten. Während der Xi Zhou-Dynastie (西周, ca. 1066-771 v. Chr.) fand das Schuldverhältnis in der Form über Gewohnheit und ethisches Verhalten zum ersten Mal in der chinesischen Geschichte Erwähnung.[349] Vor der Qin-Dynastie (秦朝, 221-206 v. Chr.)[350] war die Kreditsicherung in China wenig bekannt. Die Regeln der Kreditsicherung wurden erstmals in Gesetzesform im „Qin Jian" (《秦简》)[351] niedergeschrieben. Allerdings wurde darin nur die Realsicherheit geregelt, d. h. zur Sicherung der Forderungen des Gläubigers wird das dem Schuldner oder einem Dritten gehörende Eigentum verwendet.[352] In der Tang-Dynastie entstand das Wort „Bao Ren" (保人), das im Sinne des Bürgen verstanden wurde. Erfüllte der Hauptschuldner seine Verpflichtung nicht, konnte der Gläubiger gegenüber dem „Bao Ren" entweder die Erfüllung der Verbindlichkeit des Hauptschuldners oder Schadensersatz verlangen.[353] Sollte der Hauptschuldner flüchten oder starb er, verpflichtete sich der „Bao Ren", den Forderungen nachzukommen.[354] In der Song-Dynastie (宋朝 960-1279) entstand die Bestimmung über die Mitbürgschaft. Danach war es erstmals möglich, dass sich mehr als zwei

---

349 Zhang, Linfeng, S. 3.
350 In der Qin-Dynastie wurde China erstmals vereinigt.
351 „Qin Jian" (《秦简》) war ein in der Qin-Dynastie (221-206 v. Chr.) verfasstes Werk, das umfangreiche Vorschriften bezüglich Recht, Kultur, Volksgewohnheiten, Naturwissenschaft, Verwaltung, Militärwesen, Außenpolitik, etc. enthielt.
352 Zhang, Jin Fan, S. 156.
353 Zhang, Jin Fan, S. 434.
354 Zhang, Jin Fan, S. 434.

Bürgen für dieselbe Verbindlichkeit des Hauptschuldners verbürgten. Sie versprachen dem Gläubiger, dass der Hauptschuldner nicht flüchtete, andernfalls würden sie gemeinsam aus ihren Bürgschaftsverpflichtungen haften.[355] Nach dem chinesischen Gewohnheitsrecht wurde eine Streitigkeit aus Bürgschaft im alten China grundsätzlich in erster Linie durch eine dritte Person außergerichtlich vermittelt[356]. Wurde dadurch keine Einigung erreicht, konnten die Parteien vor der „Guan Fu" (官府, die zuständige Regierung) Klage erheben.
Nachdem der „Entwurf des Zivilgesetzbuches der Großen Qing-Dynastie" von der Kodifikationskommission[357] im August 1911 verabschiedet worden war, wurde der Rechtsbegriff der Bürgschaft zum ersten Mal in der chinesischen Rechtsgeschichte eingeführt.[358] Die Bürgschaft war im zweiten Kapitel (Schuldverhältnisse) geregelt.

II. Rechtslage nach dem Jahr 1949

Nach Gründung der Volksrepublik China am 01. Oktober 1949 begann die kommunistische Regierung, die Gesellschafts-, Wirtschafts- und Rechtsordnung nach der marxistischen Ideologie umzugestalten.[359] Das Privateigentum wurde durch Bodenreform, Zwangskollektivierung und Verstaatlichung der wichtigsten Industriezweige fast vollständig beseitigt[360]. Das Zivilgesetzbuch der damaligen GMD-Regierung, das als ein „volksunterdrückendes" Gesetz bezeichnet wurde[361], wurde durch das „Allgemeine Programm der Politischen Konsultativkonferenz des chine-

---

355 Dai, Yan Hui, S. 338.
356 Analog zum allgemeinen Gewohnheitsrecht (Ausführlich: Dritter Teil A I).
357 Diese Kodifikationskommission wurde 1907 auf Vorschlag der Kaiserin GuangXu (光绪, 1871-1908) gegründet.
358 Zhang, Lin Feng, S. 3.
359 Wang, Weida, S. 52.
360 Staiger, S. 87.
361 Li, Tie, S. 122.

sischen Volkes"[362] abgeschafft[363] und verlor daher seine rechtliche Wirkung für das Festland Chinas.[364] Der chinesische Gesetzgeber wollte das Rechtssystem in China nach dem sowjetischen Modell neu aufbauen. Die Entwicklung des chinesischen Rechtssystems und die juristische Ausbildung gerieten aber aufgrund der „Anti-Rechts-Kampagne" (1957), des „Großen Sprungs nach vorne" (1958-1959) und der zehnjährigen Kulturrevolution (1966-1976) lange Zeit ins Stocken.[365] In Zeiten, in denen Überregulierung herrschte, war China in vielen Bereichen gesetzlos.[366] Seitdem Deng Xiaoping im Jahr 1978 die politische Devise „Reform und Öffnung nach außen"[367] ausrief, verlegte die kommunistische Partei den Schwerpunkt vom Klassenkampf zwischen Proletariat und Bourgeoisie auf die sozialistische Modernisierung von Wirtschaft, Verteidigung und Wissenschaft.[368] Danach begannen in China Wirtschaftsreformen im Inneren und eine Außenpolitik, die China in die Weltwirtschaft integrieren und Kooperation mit anderen Ländern für mehrere internationale Angelegenheiten bezwecken sollte.[369] Um die Reform- und Öffnungspolitik einzuführen, benötigte man die entsprechenden Rechtsgrundlagen, insbesondere ein vollständiges Zivilgesetzbuch. Im Jahr 1979 wollte der chinesische Gesetzgeber ursprünglich die Ausarbeitung eines Zivilgesetzbuchs nach deutschem und französischem Vorbild beginnen. Allerdings konnte dieser Plan infolge der Komplexität der Materie nicht umgesetzt werden[370]. Stattdessen wurden viele zivilrechtliche Einzel- oder Sondergesetze, Zivilrechtsbestimmungen der Regierung und Verwaltungsvorschriften in rascher Folge verabschiedet, wobei der Gesetzgeber

---

362 Chinesisch: 中国人民政治协商会议共同纲领.
363 Vgl. Bu, Yuanshi, S. 2.
364 Das Zivilgesetzbuch wird bis heute nur in Taiwan angewandt.
365 Zhou, Lujia, S. 149; vgl. Bu, Yuanshi, S. 2.
366 Bu, Yuanshi, S. 2.
367 Chinesisch: 改革和对外开放.
368 Staiger, S. 85.
369 Vgl. Riemenschneider, S. 9.
370 Tong, Rou, S. 32.

teils auf ausländische Regelungsvorbilder zurückgriff und teils eigene Regelungskonzepte entwickelte. Die Gesetze waren aber nicht nur technisch, sondern auch in Hinblick auf Inhalt und juristische Fachsprache von schlechter Qualität, weil dabei die notwendige Entwicklung der juristischen Ausbildung fehlte.[371]

Da lange Zeit weder Kreditsicherungsgesetz noch Zivilgesetzbuch bestanden, war die Bürgschaft in verschiedenen Gesetzen, justiziellen Gesetzesauslegungen und Verwaltungsanordnungen geregelt. Bevor das chinesische Kreditsicherungsgesetz (CKSG) im Jahr 1995 in Kraft trat, befanden sich die Regelungen der Bürgschaft in z.B. den Allgemeinen Grundsätze des Zivilrechts[372] (von 1986), im Wirtschaftsvertragsgesetz[373] (von 1981), im Seehandelsgesetz[374] (von 1992), im Geschäftsbankgesetz[375] (von 1995), im Wertpapiergesetz[376] (von 1995) sowie in den „Methoden zur Devisenkreditsicherung“[377] (von 1989).

[371] Vgl. Bu, Yuanshi, S. 3.

[372]《中华人民共和国民法通则》. Die AGZR wurden am 12. April 1986 in der 4. Sitzung des VI. Nationalen Volkskongresses verabschiedet und traten am 01. Juli 1987 in Kraft.

[373]《中华人民共和国经济合同法》. Das Gesetz wurde am 13. Dezember 1981 in der 4. Sitzung des Ständigen Ausschusses des V. Nationalen Volkskongresses verabschiedet und trat am 01. Juli 1982 in Kraft. Im Jahr 1999 wurde das Gesetz aufgrund des Erlasses des neuen Vertragsgesetzes aufgehoben.

[374]《中华人民共和国海商法》. Das Seehandelsgesetz wurde am 07. November 1992 erlassen und trat am 01.07.1993 in Kraft.

[375]《中华人民共和国商业银行法》. Das Gesetz wurde am 10. Mai 1995 erlassen und trat am 01.07.1995 in Kraft. Das Gesetz wurde am 27.12.2003 novelliert.

[376]《中华人民共和国票据法》. Das Wertpapiergesetz wurde am 10. Mai 1995 erlassen und trat am 01.01.1996 in Kraft. Das Gesetz wurde am 28.08.2004 novelliert.

[377]《外汇担保办法》.

C. Die gegenwärtige Rechtslage

I. Rechtsquellen

Rechtsquellen des Bürgschaftsrechts sind die Normen, die das Verhältnis zwischen Bürgen, Gläubiger und Hauptschuldner regeln.

1. Allgemeine Grundsätze des Zivilrechts von 1986 (AGZR)

Wegweisend ist der Erlass der Allgemeinen Grundsätze des Zivilrechts (AGZR) im Jahr 1986. Damit hat der Gesetzgeber nicht nur die Lücke geschlossen, dass in China bisher noch keine gesetzliche Basis für das Zivilrecht bestand, sondern auch die Rechtsgrundlage für die Entwicklung der Markwirtschaft geschaffen. Um das Ziel der chinesischen Zivilrechtskodifikation zu verwirklichen, hatte der chinesische Gesetzgeber anfänglich vor, kurzfristig zuerst einen Allgemeinen Teil und danach einen Besonderen Teil auszuarbeiten.[378] Es war aber für die chinesischen Juristen eine undenkbar schwierige Aufgabe, innerhalb kurzer Frist ein komplettes Zivilgesetzbuch ohne die entsprechende juristische Infrastruktur fertigzustellen. Stattdessen wurden nur die AGZR, die als ein Grundstein des Zivilrechts und erster gesetzgeberischer Schritt zu einer Zivilrechtskodifikation bezeichnet werden, verabschiedet.[379] Sie umfassen im Wesentlichen alle Regelungen, die sich auf die prinzipiellen Fragen zum chinesischen Zivilrecht beziehen.[380] Dieses Gesetz hat allerdings aus heutiger Sicht inhaltlich und sprachlich nur ein niedriges Niveau erreicht[381].

Die Allgemeinen Grundsätze des Zivilrechts bestehen aus 156 Artikeln und gliedern sich in folgende 9 Kapitel: allgemeine Grundsätze, natürli-

---

[378] Bu, Yuanshi, S. 77.

[379] Vgl. Senger, Einführung in das chinesische Recht, S. 130.

[380] Vgl. Hopp, S. 9.

[381] Bu, Yuanshi, S. 78.

che Personen, juristische Personen, Rechtsgeschäft und Vertretung, subjektive Rechte, zivilrechtliche Haftung, Verjährung, Rechtsanwendung bei Zivilbeziehungen mit Auslandsberührung, ergänzende Bestimmungen. Die AGZR sind aber nicht mit dem Allgemeinen Teil des BGB zu vergleichen, sondern bilden lediglich eine kurze Zusammenfassung von zivilrechtlichen Grundregelungen ab, die den Schwerpunkt auf den Allgemeinen Teil legt und darüber hinaus auch die Grundprinzipien des Besonderen Teils umfasst.[382]
Die AGZR gehen nicht nur auf die zivilrechtlichen Verhältnisse zwischen Bürgern und juristischen Personen ein, sondern stellen auch das rechtliche Grundprinzip für die Kreditsicherung dar, die für die Bürgern oder juristischen Personen gewährt wird. Allerdings ist lediglich ein einziger Paragraph[383] in den AGZR der Bürgschaft gewidmet.

2. Erlass des chinesischen Kreditsicherungsgesetzes

Die im Jahre 1978 eingeleitete chinesische Wirtschaftsreform und die Politik der Außenöffnung erzielten zwar eindeutig Fortschritte, allerdings begann ab 1988 eine Phase von Wirtschaftsstillstand und Unsicherheit.[384] 1992 leitete Deng Xiaopings Rede[385] im Süden Chinas eine entscheidende Wende ein, die sich positiv auf die wirtschaftliche und politische Strukturreform auswirkte.[386] Im Zuge des erneuten Wirtschaftswachstums konnten die Allgemeinen Grundsätze des Zivilrechts allein die Be-

---

[382] Vgl. Liang, Huixing, AcP (194) 1994, S. 480; Wang, Yanfeng, S. 52.
[383] § 89 I AGZR: „Der Bürge verbürgt sich dem Gläubiger, dass der Schuldner die Verbindlichkeit erfüllt, und wenn die Verbindlichkeit vom Schuldner nicht erfüllt wird, wird sie gemäß dem Vereinbarten vom Bürgen erfüllt, oder er haftet als Gesamtschuldner; nachdem der Bürge die Verbindlichkeit erfüllt hat, ist er berechtigt, vom Schuldner Ausgleich zu verlangen."
[384] Liang, Huixing, AcP (194) 1994, S. 487.
[385] Deng Xiaoping hatte im Januar 1992 die Provinz Guangdong besucht und zur Intensivierung der Strukturreform aufgerufen.
[386] Liang, Huixing, AcP (194) 1994, S. 487.

dürfnisse von Gesellschaft und Wirtschaft nicht mehr befriedigen. Am 30. Juni 1995 wurde daher das chinesische Kreditsicherungsgesetz[387] in der 14. Sitzung des Ständigen Ausschusses des VIII. Nationalen Volkskongresses verabschiedet. Es trat am 01.10.1995 in Kraft. Der Erlass des CKSG war nach den AGZR ein weiterer wichtiger Meilenstein in der Geschichte der chinesischen Zivilgesetzgebung[388]. Die Gesetzgebung des CKSG orientiert sich am Bedarf des Aufbaus des sog. „modernen sozialistischen Marktwirtschaftssystems" der 90er Jahre. Nach § 1 CKSG ist der Zweck dieses Gesetzes Förderung des Kapitalverkehrs und des Warenumlaufs, Sicherung der Forderungen und Entwicklung des sozialistischen Marktwirtschaft. Die Entwicklung von den AGZR hin zum CKSG spiegelt die Umwandlung vom Planwirtschaftssystem in ein Marktwirtschaftssystem wider.

Wie auch das deutsche BGB unterscheidet das chinesische Zivilrecht zwischen Personalsicherheit und Realsicherheit. Anders als im deutschen BGB wird allerdings die Bürgschaft, die als ein Typenvertrag zum Recht der Schuldverhältnisse gehört, nicht im Vertragsgesetz, sondern als eine personenbezogene Sicherheitsform mit anderen Sicherungsformen (Hypothek, Pfandrecht, Zurückbehaltungsrecht und Festgeld) im Kreditsicherungsgesetz geregelt. Dieser Unterschied beruht im Wesentlichen auf zwei Gründen. Zum einen gibt es in China bis heute noch kein Zivilgesetzbuch. Da die Lücken der AGZR nicht lediglich durch die Auslegungen der Justiz ausgeglichen werden können, benötigt man zusätzlich das Kreditsicherungs- und Vertragsgesetz.[389] Andererseits wurden unter Ein-

---

[387] 《中华人民共和国担保法》. Das CKSG besteht aus 96 Paragraphen in 7 Abschnitten, nämlich: 1. Abschnitt (§§ 1-5): allgemeine Grundsätze; 2. Abschnitt (§§ 6-32): Bestimmungen zur Bürgschaft; 3. Abschnitt (§§ 33-62): Hypothek; 4. Abschnitt (§§ 63-81): Pfandrecht an beweglichen Sachen und Rechten; 5. Abschnitt (§§ 82-88): Zurückbehaltungsrecht; 6. Abschnitt (§§ 89-91): Festgeld; 7. Abschnitt: ergänzende Regeln.

[388] Zhu, Fan, S. 88.

[389] Zhu, Fan, S. 88.

fluss der ehemaligen Sowjetunion die verschiedenen Arten der Kreditsicherung gemeinsam geregelt, da diese alle die gleiche Funktion haben.[390]

3. Das chinesische Vertragsgesetz[391] (CVG)

Die Bürgschaft ist ein Vertrag, so dass für sie nicht nur CKSG und AGZR, sondern auch die Regelungen des chinesischen Vertragsgesetzes gelten. Auf den Bürgschaftsvertrag sind die Regeln im Allgemeinen Teil des CVG anwendbar, soweit sie nicht durch Regelungen des CKSG oder andere Gesetze (z. B. Gesellschaftsgesetz, Konkursgesetz, etc.) ausgeschlossen oder modifiziert werden.

Vor dem Inkrafttreten des CVG war das gesamte Vertragsrechtssystem in drei Einzelgesetze[392] aufgeteilt.

Das erste Vertragsgesetz, das am 13. Dezember 1981 verabschiedet wurde, war das Wirtschaftsvertragsgesetz (WVG). Es trug inhaltlich deutliche Züge der Planwirtschaft[393] und sollte nach seinem § 2 überhaupt nur für juristische Personen gelten.

Zwei weitere Einzelgesetze waren das Außenwirtschaftsvertragsgesetz[394] (AWVG) 1985 und das Technikvertragsgesetz[395] (TVG) 1987. Das AWVG galt ausschließlich für Verträge, die zwischen chinesischen und ausländischen Unternehmen oder Organisationen abgeschlossen wurden. Das TVG enthielt allgemeine, für jede Form von Technologieverträgen

---

[390] Zhu, Fan, S. 88.

[391] 《中华人民共和国合同法》.

[392] Nach § 428 CVG wurden die WVG, AWVG, TVG mit Inkrafttreten des chinesischen Vertragsgesetzes am 1. Oktober 1999 außer Kraft gesetzt.

[393] Münzel/Zheng, RIW 1999, S. 641.

[394] 《中华人民共和国涉外经济合同法》. Das AWVG wurde am 21.03.1985 in der 10. Sitzung des Ständigen Ausschusses des VI. Nationalen Volkskongresses verabschiedet und trat am 01. Juli 1985 in Kraft.

[395] 《中华人民共和国技术合同法》. Das TVG wurde am 23. Juni 1987 von der 21. Sitzung des Ständigen Ausschusses des VI. Nationalen Volkskongresses erlassen und trat am 01.11.1987 in Kraft.

geltende Vorschriften sowie Spezialregelungen der Verträge über Technologie-Entwicklung, Technologietransfer in der Form von Lizenz und Patent und Technologie-Service.[396]

Zusammen mit den Regeln zum Vertrag in den AGZR, Bestimmungen in anderen Gesetzen und zahlreichen Weisungen des obersten Volksgerichts wiesen diese drei Gesetze an vielen Stellen Widersprüche und Lücken auf.[397] Dies lag daran, dass dem chinesischen Gesetzgeber Erfahrungen mit der Verwendung von juristischen Fachausdrücken und der rationalen Koordinierung der Gesetzgebungsverfahren fehlten.

Die Regelung des Vertragsrechts, wie sie in den bis 1988 erlassenen Gesetzen bestand, musste aus Sicht der juristischen Experten vereinheitlicht und weiterentwickelt werden.[398] Durch die mehrfache Überarbeitung des Entwurfs wurde das chinesische Vertragsgesetz endlich am 15. März 1999 in der 2. Sitzung des IX. Nationalen Volkskongresses verabschiedet. Das CVG ist das erste Gesetz in der chinesischen Rechtsgeschichte, das ausschließlich von Juristen ausgearbeitet wurde.[399] Es hat die Widersprüche zwischen dem Wirtschaftsvertragsgesetz, dem Außenwirtschaftsvertragsgesetz, dem Technikvertragsgesetz und den AGZR beseitigt und die Vereinheitlichung der Vorschriften über die vertraglichen Schuldverhältnisse erreicht.[400]

Das CVG mit insgesamt 428 Paragraphen ist in einen Allgemeinen Teil, einen Besonderen Teil und eine Ergänzende Bestimmung gegliedert. Die ersten acht Kapitel, die zum „Allgemeinen Teil“ gehören, haben zum Gegenstand: Allgemeine Regeln, Errichtung des Vertrags, Wirksamkeit des Vertrags, Vertragserfüllung, Änderung und Übertragung von Verträgen, Beendigung der Rechte und Pflichte aus Verträgen, Haftung für Ver-

---

[396] Tetz, RIW 1988, S. 851.
[397] Münzel/Zheng, RIW 1999, S. 641.
[398] Xiang, Zhenhua/Wang, Cheng, aus der Auslandsausgabe der Volkszeitung vom 26. März 1999.
[399] Wang, Yuan/Zhang, Peng, in Pekinger Abendzeitung vom 17. Mai 1999.
[400] Vgl. Bu, Yuanshi, S. 102.

tragsverletzungen und andere Bestimmungen. Der „Besondere Teil“ enthält die übrigen 15 Kapitel: Kaufvertrag, Verträge über die Lieferung Strom, Wasser, Gas und Wärme, Schenkungsvertrag, Darlehensvertrag, Mietvertrag, Finanzierungsleasingvertrag, Werkvertrag, Bauleistungsverträge, Technikverträge, Aufbewahrungsvertrag, Lagervertrag, Geschäftsbesorgungsvertrag, Kommissionsvertrag und Maklervertrag. Das chinesische Vertragsgesetz bildet gemeinsam mit den AGZR und dem Sachenrechtsgesetz (SaG)[401] die Basis des chinesischen Zivilrechts, das in der Zukunft in einer umfassenden Zivilrechtskodifikation zusammengefasst werden soll.[402]

Das Vertragsgesetz tritt als weitere wichtige Rechtsquelle des chinesischen Kreditsicherungsrechts neben die allgemeinen Grundsätze des Zivilrechts und das Kreditsicherungsgesetz.

4. Die Auslegungen des CKSG durch das oberste Volksgericht

Als Ergänzung der gesetzlichen Regelungen spielen Gesetzesauslegungen eine sehr wichtige Rolle im chinesischen Rechtssystem. Sie umfassen die Gesetzesauslegungen der Legislative (des Ständigen Ausschusses des Nationalen Volkskongresses), die Gesetzesauslegungen der Judikative (des obersten Volksgerichts und der obersten Volksstaatsanwaltschaft) und die Verwaltungsauslegungen. Nach Art. 67 Nr. 4 des chinesischen Verfassungsgesetzes[403] und § 47 des chinesischen Gesetzgebungsgesetzes (GesGebG)[404] haben die Gesetzesauslegungen des Ständigen Ausschusses des Nationalen Volkskongresses Gesetzeswirkung.

---

[401] 《中华人民共和国物权法》. Das Sachenrechtsgesetz wurde am 16. März 2007 in der 5. Sitzung des X. Nationalen Volkskongresses verabschiedet und trat am 01.10.2007 in Kraft.

[402] Kodifiziert sind u. a. das Erbrecht, das Eherecht, das Kreditsicherungsrecht und das Deliktsrecht. Vgl. Manthe, Berliner China-Hefte Nr. 22, 2002, S. 10 ff.

[403] 《中华人民共和国宪法》 vom 4. April 1982.

[404] 《中华人民共和国立法法》 vom 15. März 2000.

Im Vergleich mit dem kontinentalen und anglo-amerikanischen Rechtssystem stellen die justiziellen Auslegungen eine chinesische Besonderheit dar. Eine Auslegung der Judikative ist eine Antwort oder ein Hinweis der obersten Justiz zu Inhalt und Bedeutung von Rechtsvorschriften, damit die einheitliche Anwendung eines Gesetzes oder die einheitliche Anwendung des Rechts auf eine bestimmte Frage gewährleistet werden kann.[405] Beispiele hierfür sind die „Auslegungen“[406], „Ansichten“[407], „Antworten“[408], „Entscheidungen“[409], „Methoden“[410] und „Zirkularen“[411]. Im Jahr 1981 wurde dem Obersten Volksgericht und der obersten Staatsanwaltschaft vom Ständigen Ausschuss des Nationalen Volkskongresses die Befugnis erteilt, Gesetze auszulegen[412]. Seitdem haben die Auslegungen des obersten Volksgerichts, das neben dem Ständigen Ausschuss des Nationalen Volkskongresses faktisch als ein zweiter „Gesetzgeber“ angesehen wird[413], in den meisten Fällen die Funktion eines Gesetzes. Richter können somit die Auslegungen des obersten Volksgerichts unmittelbar anwenden.

Das chinesische oberste Volksgericht hat am 08. Dezember 2000 die „Auslegungen zu einigen Fragen betreffend der Anwendung des CKSG“[414] (ACKSG) erlassen, welche am 13.12.2000 in Kraft traten. Die aus 134 Paragraphen bestehenden ACKSG sind die wichtigsten Vorschriften, die neben dem CKSG in der juristischen Praxis angewandt

---

405 Zhang, Wenxian, S. 328; vgl. Bu, Yuanshi, S. 20.

406 Chinesisch: 解释.

407 Chinesisch: 意见.

408 Chinesisch: 答复.

409 Chinesisch: 决定.

410 Chinesisch: 办法.

411 Chinesisch: 通知.

412《全国人民代表大会常务委员会关于加强法律解释工作的决议》. Beschluss des Ständigen Ausschusses des Nationalen Volkskongresses über die Verstärkung der Arbeit bei der Gesetzesauslegung trat am 10.06.1981 in Kraft.

413 Bu, Yuanshi, S. 20.

414 最高人民法院关于适用《中华人民共和国担保法》若干问题的解释.

werden. Sie dienen somit der Ergänzung des CKSG, um Probleme, die im CKSG noch offen geblieben sind, aufzulösen.

5. Gesetze und Verwaltungsvorschriften[415]

Auch in anderen Gesetzen gibt es vereinzelte Bestimmungen über die Bürgschaft. Zu nennen sind z. B.:

- das chinesische Gesellschaftsgesetz[416] (CGesG),
- das chinesische Unternehmensinsolvenzgesetz[417],
- das chinesische Sachenrechtsgesetz.

Die meisten Verwaltungsvorschriften über die Bürgschaft finden sich im Bereich des Bankgeschäfts:

- „Methoden der chinesischen Landwirtschaftsbank zur Kreditsicherung“ vom 21. September 1993[418],
- „Methoden der Volksbank zur Verwaltung von der Krediterlaubnis“ vom 30. November 1995[419].

6. Rechtsprechung

In China wird das Fallrecht (case law) zwar nicht als Rechtsquelle wie im anglo-amerikanischen Rechtskreis anerkannt, jedoch spielt es seit 1978 in der Rechtspraxis eine wichtige Rolle.[420] Die Repliken an Untergerichte[421],

---

415 Chinesisch: 行政法规.

416 Am 29. Dezember 1993 wurde das Gesellschaftsgesetz in der 5. Sitzung des Ständigen Ausschusses des VIII. Nationalen Volkskongresses verabschiedet, es trat am 01.07.1994 in Kraft. Das Gesetz wurde 1999, 2004 und 2005, insgesamt dreimal, novelliert.

417 Das Gesetz wurde am 01.12.1986 in der 18. Sitzung des Ständigen Ausschusses des VI. Nationalen Volkskongresses erlassen und am 27. August 2006 novelliert. Das neue Unternehmensinsolvenzgesetz trat am 01.06.2007 in Kraft.

418 《中国农业银行贷款担保办法》.

419 《中国人民银行贷款证管理办法》.

420 Vgl. Liang, Huixing, AcP (194) 1994, S. 482.

Erläuterungen[422] und Präzedenzfälle[423], die vom obersten Volksgericht veröffentlicht werden, sind als das ausgeformte „case law" unentbehrlich für das derzeitige chinesische Zivilrechtssystem.[424] Die Urteile des obersten Volksgerichts werden in seiner monatlichen offiziellen Zeitung[425] veröffentlicht[426]. Trotz ihrer fehlenden rechtlichen Verbindlichkeit werden diese Urteile dennoch in der Praxis anerkannt und haben Leitfunktion für die unteren Instanzen[427]. Denn ein von der höheren Instanz abweichendes Urteil kann sich in einer negativen Jahresbewertung durch diese höhere Instanz niederschlagen[428].

II. Verhältnis der Rechtsquellen untereinander

1. Das Grundprinzip

Das chinesische Normhierarchiesystem besteht aus vier Normtypen - Verfassung[429], Gesetz[430], Vorschrift[431] und Statut[432], die auf sechs verschiedenen Hierarchieebenen bestehen:
Erste Ebene: die Verfassung;
Zweite Ebene: die grundlegenden Gesetze[433] des Nationalen Volkskongresses;

421 Chinesisch: 批复.
422 Chinesisch: 解答.
423 Chinesisch: 判例.
424 Liang, Huixing, AcP (194) 1994, S. 482.
425 《最高人民法院公报》.
426 Bu, Yuanshi, S. 21.
427 Vgl. Bu, Yuanshi, S. 21.
428 Bu, Yuanshi, S. 21.
429 Chinesisch: 宪法.
430 Chinesisch: 法律.
431 Chinesisch: 法规.
432 Chinesisch: 规章.
433 Chinesisch: 基本法.

Dritte Ebene: andere Gesetze[434] und Gesetzesauslegungen des Ständigen Ausschusses des Nationalen Volkskongresses;
Vierte Ebene: die Verwaltungsvorschriften des Staatsrates;
Fünfte Ebene: die lokalen Rechtsvorschriften[435] der lokalen Volkskongresse und ihrer Ständigen Ausschüsse;
Sechste Ebene: Lokalstatuten[436] der Lokalregierungen.
Aus §§ 78 ff. GesGebG ergeben sich drei Grundprinzipien der Rechtsanwendung:

1. Eine unterrangige Norm darf nicht gegen irgendeine höherrangige Norm verstoßen. Sie soll ggf. entweder geändert oder für nichtig erklärt werden;
2. Eine neue gesetzliche Regelung geht der alten Regelung vor, wenn sie vom selben Organ erlassen wurde;
3. Eine allgemeine gesetzliche Regelung wird von der speziellen gesetzlichen Regelung verdrängt, wenn sie vom selben Organ erlassen wurde.

Entsprechend dem kontinentalrechtlichen Grundsatz der Vorrangigkeit spezieller gegenüber allgemeinen Regelungen (*lex specialis derogat legi generali*) ist das CKSG spezieller gegenüber den allgemeinen Zivilrechtsregelungen (AGZR und allgemeine Regelungen des CVG).
Das Kreditsicherungsgesetz als Kern, die Allgemeinen Grundsätzen des Zivilrechts und das Vertragsgesetz als Basis sowie die Auslegungen des obersten Volksgerichts als wichtige Ergänzung statuieren das gesamte Rechtssystem des chinesischen Bürgschaftsrechts.

2. Anwendbarkeit des CKSG und des Sachenrechtsgesetzes

Das Kreditsicherungsrecht und das Sachenrecht sind eigentlich gleich-

---

434 Chinesisch: 其他法律.
435 Chinesisch: 地方法规.
436 Chinesisch: 地方规章.

rangige Rechte. Allerdings stellt im chinesischen Zivilrechtssystem das Sachenrechtsgesetz gegenüber dem CKSG zunächst ein höherrangiges Gesetz dar, da jenes vom Nationalen Volkskongress und das CKSG vom Ständigen Ausschuss des Nationalen Volkskongresses erlassen wurde. Des Weiteren ist das Sachenrechtsgesetz, das am 01.10.2007 in Kraft trat, ein neueres Gesetz. § 178 SaG besagt nach seinem Wortlaut: Wo das CKSG mit dem Sachenrechtsgesetz nicht übereinstimmt, gilt das Sachenrechtsgesetz. Daher genießt es Vorrang gegenüber dem CKSG.

D. Der Bürgschaftsvertrag

I. Bürgschaft[437] im Sinne des CKSG

In §§ 6-32 CKSG sind die Vorschriften über die Bürgschaft geregelt. Sie bestehen aus 3 Abschnitten:

1. Bürgschaft und Bürge (§§ 6-12);
2. Bürgschaftsvertrag und Art der Bürgschaft (§§ 13-20);
3. Haftung aus der Bürgschaft (§§ 21-32).

Nach § 6 CKSG ist die Bürgschaft eine Vereinbarung zwischen dem Bürgen und dem Gläubiger. Der Bürge verpflichtet sich dabei gegenüber dem Gläubiger, die Verbindlichkeit oder die Haftung des Hauptschuldners zu übernehmen, wenn dieser seine Verpflichtung nicht erfüllt.

II. Arten der Bürgschaft

1. Reguläre Bürgschaft[438] und Solidarbürgschaft[439]

Gemäß § 16 CKSG unterscheidet man bei der Bürgschaft zwischen der regulären Bürgschaft und der Solidarbürgschaft.

---

[437] Chinesisch: 保证.

[438] Chinesisch: 一般保证.

[439] Chinesisch: 连带责任保证.

Bei der regulären Bürgschaft verpflichtet sich der Bürge nach § 17 I CKSG durch den Bürgschaftsvertrag gegenüber dem Gläubiger, die Haftung zu übernehmen, wenn der Hauptschuldner seine Verbindlichkeit nicht erfüllen kann. Dabei steht dem Bürgen die Einrede der Vorausklage zu. Gemäß § 17 II CKSG kann sich der Bürge weigern, die Haftung des Hauptschuldners zu übernehmen, solange nicht der Gläubiger eine Zwangsvollstreckung gegenüber dem Hauptschuldner erfolglos versucht hat.

Bei der Solidarbürgschaft kann der Gläubiger gemäß § 18 II CKSG sowohl gegenüber dem Hauptschuldner als auch gegenüber dem Bürgen Haftungsansprüche geltend machen, wenn der Hauptschuldner seine Verpflichtung nicht erfüllt. Die wesentliche Eigenschaft der Solidarbürgschaft besteht darin, dass der Bürge nicht die Einrede der Vorausklage erheben kann.[440] Wenn die Vertragsparteien keine oder keine klare Vereinbarung über die Bürgschaftsform getroffen haben, haftet der Bürge nach § 19 CKSG für eine Solidarbürgschaft.

2. Einzelbürgschaft[441] und Mitbürgschaft[442]

Haftet lediglich ein Bürge für die Erfüllung der Verpflichtung des Hauptschuldners, handelt es sich um einen Fall der Einzelbürgschaft.[443] Unter Mitbürgschaft versteht man, dass sich mindestens zwei Bürgen für dieselbe Verbindlichkeit verbürgen. Nach § 12 S. 1 CKSG sollen die Mitbürgen bei entsprechender Vereinbarung die Haftung des Hauptschuldners als Teilschuldner übernehmen. Ohne Vereinbarung haften alle Mitbürgen gemäß § 12 S. 2 CKSG als Gesamtschuldner; der Gläubiger kann also nach Belieben von jedem einzelnen Mitbürgen Erfüllung for-

---

[440] Zou, Hailin/Chang, Min, Theorie und Praxis der Forderungssicherung, S. 34; Zhu, Fan, S. 102.

[441] Chinesisch: 单一保证.

[442] Chinesisch: 共同保证.

[443] Cai, Yongmin, S. 8.

dern.

3. Höchstbetragsbürgschaft[444]

Durch die Höchstbetragsbürgschaft kann der Bürge sein Risiko kontrollieren. Hierbei verpflichtet sich der Höchstbetragsbürge nach § 14 CKSG gegenüber dem Gläubiger nur mit einem in vorhinein festgesetzten Höchstbetrag. Dieser Höchstbetrag ist meist an eine gewisse Frist gebunden. Nach Ablauf dieser Frist erlischt die Höchstbetragsbürgschaft[445]. Der Bürge kann jederzeit gegenüber dem Gläubiger den Vertrag der Höchstbetragsbürgschaft kündigen, wenn im Vertrag keine Frist bestimmt ist.

4. Rückbürgschaft[446]

Im Unterschied zu übrigen Bürgschaften besteht die Rechtsbeziehung bei der Rückbürgschaft nicht zwischen Bürgen und Gläubiger, sondern zwischen Bürgen und Rückbürgen. Ähnlich wie im deutschen Recht haftet der Rückbürge nach § 4 CKSG und § 2 ACKSG gegenüber dem Hauptbürgen für die Erfüllung seines Rückgriffsanspruchs gegenüber dem Hauptschuldner. Die Rückbürgschaft dient nicht der Sicherung der Forderung des Gläubigers gegenüber dem Hauptschuldner; sie garantiert lediglich, dass der Hauptbürge gegen den Hauptschuldner den Anspruch aus der Bürgschaft erhält.[447]

---

[444] Chinesisch: 最高额保证.

[445] Zou, Hailin/Chang, Min, Theorie und Praxis der Forderungssicherung, S. 37.

[446] Chinesisch: 反保证.

[447] Cai, Yongmin, S. 12.

III. Voraussetzungen der Wirksamkeit des Bürgschaftsvertrags

1. „Qualifikation" des Bürgen[448]

a. Geschäftsfähigkeit

Wenn eine natürliche Person Rechtsgeschäfte vornehmen will, muss sie nach ihrer geistigen Entwicklung über ein Mindestmaß an Einsicht und Urteilsvermögen verfügen, um vom Gesetz als geschäftsfähig angesehen werden zu können.

Nach § 11 I AGZR ist die natürliche Person geschäftsfähig, sofern sie das 18. Lebensjahr vollendet hat. Allerdings ist der Minderjährige, der das 16. Lebensjahr erreicht hat, nach § 11 II AGZR auch voll geschäftsfähig, wenn er durch selbstständigen Betrieb eines Erwerbsgeschäfts leben kann.

Geschäftsunfähig ist ein Kind vor Vollendung des 10. Lebensjahres (§ 12 II AGZR) oder ein Geisteskranker, dem die Einsicht in seine Handlungen fehlt (§ 13 I AGZR). Jedes Rechtsgeschäft eines Geschäftsunfähigen ist gemäß § 58 AGZR nichtig und kann somit nur von den gesetzlichen Vertretern wirksam vorgenommen werden.

Ein Minderjähriger, der sich zwischen der Vollendung des 10. Lebensjahres (abweichend vom BGB, dort Vollendung des 7. Lebensjahres) und der Vollendung des 18. Lebensjahres befindet, ist gemäß § 12 I AGZR grundsätzlich beschränkt geschäftsfähig. Ebenso zu behandeln ist ein Geistesschwacher. Ein beschränkt Geschäftsfähiger kann allein einen Vertrag nur dann wirksam abschließen, wenn der Vertragsabschluss ihm lediglich Rechtsvorteile[449] bringt oder seinem Alter, Wissenstand und seiner geistigen Gesundheit entspricht; sonst bedarf der Abschluss des

---

[448] Chinesisch: 保证资格.

[449] Eine solche ausdrückliche Regelung findet sich im § 47 I CVG, die auch das Grundprinzip aus § 107 BGB (lediglich vorteilhafte Willenserklärung) mit aufnimmt.

Vertrags zu seiner Wirksamkeit der Zustimmung des gesetzlichen Vertreters (§ 47 I CVG).

Die Wirksamkeit des Bürgschaftsvertrags setzt demnach zuerst voraus, dass der Bürge die entsprechende Geschäftsfähigkeit hat. Ein Geschäftsunfähiger kann deshalb nicht Bürge werden. Der beschränkt Geschäftsfähige kann grundsätzlich nicht als Bürge das Rechtsgeschäft vornehmen, weil der Bürgschaftsvertrag einen unentgeltlichen Charakter hat und damit für ihn einen rechtlichen Nachteil bedeutet. Folglich hängt die Wirksamkeit dieses Bürgschaftsvertrags von der Zustimmung des gesetzlichen Vertreters des beschränkt Geschäftsfähigen ab.

b. Solvenz des Bürgen

aa. Der wirtschaftliche und gesellschaftliche Hintergrund des § 7 CKSG

Nach § 7 CKSG kann nur eine juristische Person, Organisation oder natürliche Person, die die sog. „Begleichungsfähigkeit"[450] hat, Bürge werden. Begleichungsfähigkeit meint dabei Solvenz, also die Fähigkeit, die Schuld des Hauptschuldners oder die Verpflichtung zum Schadensersatz zu übernehmen.

Während der Wirtschaftsentwicklung in den 90er Jahren betrachteten zahlreiche chinesische Unternehmen die Bürgschaft nur als eine symbolische und formalistische Handlung[451]. Sie wählten den Bürgen leichtsinnig aus und ließen seine Zahlungsfähigkeit außer Acht. Unternehmen, die seit vielen Jahren mit Verlust rechnen mussten, handelten auch ihrerseits als Bürgen. Dies führte dazu, dass Bürgen die Bürgschaftshaftung überhaupt nicht tragen konnten, wenn der Hauptschuldner seine Verpflichtung nicht erfüllte.

[450] Chinesisch: 清偿债务能力.
[451] Cheng, Xiao, S. 98.

Das sog. „Kettenschuld“ (三角债)[452]-Problem vieler, besonders staatlicher, Unternehmen resultierte daraus, dass man die Wichtigkeit der Solvenz des Bürgen vernachlässigt hatte. Dadurch wird nicht nur das Interesse des Gläubigers verletzt, sondern es werden auch das Wirtschaftssystem und die Verkehrssicherheit beeinträchtigt.
Das Ziel des § 7 CKSG ist es, das System der Kreditsicherung zu schützen und das „Kettenschuld“-Problem zu lösen.[453]

bb. Meinungsstand zur Bedeutung des § 7 CKSG

Zur Frage, ob eine nicht zahlungsfähige Person auch Bürge werden kann, werden zwei Ansichten vertreten. Eine Ansicht behauptet, dass die Qualifikation des Bürgen Zahlungsfähigkeit voraussetze.[454] Die andere Ansicht (h.M.) geht davon aus, dass die Gültigkeit des Bürgschaftsvertrags nicht davon abhängt, ob der Bürge entsprechend solvent ist.[455]
Die Diskussion über die Bedeutung des § 7 CKSG führte lange Zeit zu Schwierigkeiten in der Rechtsanwendungspraxis. Daher hat das oberste Volksgericht im Jahr 2000 die Vorschrift ausgelegt. Wenn der Bürge, der nicht voll zahlungsfähig ist, mit dem Gläubiger einen Bürgschaftsvertrag abgeschlossen hat, kann er sich nach § 14 ACKSG nicht aufgrund seiner fehlenden Solvenz von seiner Verpflichtung befreien. Die Auslegung schließt sich der herrschenden Meinung an und deutet an, dass der § 7 CKSG nicht als eine zwingende Vorschrift verstanden werden soll.[456] Die

[452] Das „Kettenschuld“-Problem kommt seit Ende der 80er Jahre hauptsächlich in den sozialistischen Staaten vor. Die Unternehmen geraten mit ihrer Schuld gegenseitig in Verzug. Keiner will seine Schuld zahlen, und die Forderung kann auch nicht verwirklicht werden. Daher kommt es zu einem Teufelskreis und großem Liquiditätsmangel.
[453] Cheng, Xiao, S. 98.
[454] Zou, Hailin/Chang, Min, Formen und Anwendung der Forderungssicherung, S. 44.
[455] Gao, Shengping, Praxisuntersuchung zu neuen Probleme des Kreditsicherungsrechts, S. 120.
[456] Guo, Mingrui/Yang, Lixin, S. 39; Wu, Jingren/Yuan, Zhujie, S. 69; Gao, Shengping, Praxisuntersuchung zu neuen Probleme des Kreditsicherungsrechts,

Solvenz des Bürgen ist keine Voraussetzung der Gültigkeit des Bürgschaftsvertrags. Den Bürgen trifft keine Verpflichtung, dem Gläubiger seine Leistungsfähigkeit zu beweisen. Der Gläubiger soll vielmehr das Risiko tragen, ob der Bürge über genügendes Vermögen und die entsprechende Leistungsfähigkeit verfügt.

cc. Eigene Stellungnahme

Die § 7 CKSG und § 14 ACKSG leisten einen gewissen Beitrag unter dem Aspekt des Verkehrsschutzes. Allerdings sind sie ihrer Natur nach zu dogmatisch, und es bestehen einige Nachteile und Unklarheiten.[457]

1. Die Klausel über die Solvenz des Bürgen hat nicht nur geringe praktische Bedeutung[458], sondern beeinflusst auch die Vertragsfreiheit negativ.
   Der Bürgschaftsvertrag ist durch den Gläubiger und den Bürgen in beiderseitiger Autonomie geschlossen. Der Gläubiger entscheidet selbstständig über die Auswahl des Bürgen. Das Gesetz hindert ihn nicht, einen nicht solventen Bürgen zu wählen.
2. Die Zahlungsfähigkeit ist nicht hinreichend bestimmbar und kann sich mit der Zeit oder unter verschiedenen Umständen verändern. Das Vermögen des Bürgen könnte sich danach bis zur Insolvenz verringern, obwohl er beim Abschluss des Bürgschaftsvertrags zahlungsfähig war.
3. Entscheidendes Kriterium für die Beurteilung der Wirksamkeit eines Vertrags ist die Geschäftsfähigkeit der Vertragsparteien, zu der die Solvenz nicht gehört. Die Voraussetzungen eines Vertrags sind bereits in dem CVG und in der AGZR geregelt. Der Bürgschaftsvertrag hat zwar seine Besonderheiten, aber er muss auch dem Vertragsgesetz entsprechen. Die Zahlungsunfähigkeit des Bürgen könnte sonst

---

S. 118.

[457] Zhu, Fan, S. 91.

[458] Cheng, Xiao, S. 101.

mittelbar zur Nichtigkeit des Bürgschaftsvertrags führen. Denn unter gewissen Umständen ist der Bürgschaftsvertrag sittenwidrig oder verstößt gegen das Prinzip von „Treu und Glauben", wenn ein zahlungsunfähiger Bürge einen Bürgschaftsvertrag abschließt. Infolgedessen ist die Entscheidung über die Wirksamkeit eines Bürgschaftsvertrags nicht die Aufgabe des Kreditsicherungsgesetzes, sondern die des Vertragsgesetzes oder der AGZR.

c. Beschränkung der „Qualifikation"

Wegen des Grundsatzes der Abschlussfreiheit kann zwar jeder gemäß § 4 CVG als Bürge den Bürgschaftsvertrag abschließen. Vor dem Hintergrund des Schutzes des staatlichen Eigentums und des Gemeinwohls beschränken jedoch die Bestimmungen aus §§ 7-11 CKSG und §§ 14-18 ACKSG die Abschlussfreiheit. Danach wird die Qualifikation des Bürgen strikt geregelt. So ist etwa die Bürgschaft von „Organisationen", die sich insbesondere auf das öffentliche Interesse beziehen (z.B. Staatsbehörde, öffentliche Institutionseinheit, gesellschaftliche Körperschaft etc.), unzulässig.

aa. Staatsbehörde[459]

(1) Allgemeine Regelung

Der Begriff der Staatsbehörde umfasst nicht nur die Regierung, das Verwaltungsorgan und die Justiz, sondern auch das Parteiorgan und das Militärorgan.[460] Die Aufgabe der Staatsbehörde ist es, als Vertreter des Staates die öffentliche Macht gesetzmäßig auszuüben.[461] Im Zuge der marktwirtschaftlichen Liberalisierung seit 1978 nahmen Geschäftstätig-

---

459 Chinesisch: 国家机关.

460 Gao, Shengping, Praxisuntersuchung zu Problemen des Bürgschaftsvertrags, S. 70.

461 Cheng, Xiao, S. 107.

keiten landesweit zu. Nicht nur Privatpersonen wurden geschäftlich tätig, sondern auch die Partei- und Regierungsorgane und sogar die Militärorgane gründeten Unternehmen. Die Partei-, Regierungs- und Militärorgane verbürgten sich für die Schuld ihrer eigenen Unternehmen, ohne darauf zu achten, ob diese die entsprechende Zahlungsfähigkeit hatten. Sie wurden von den Gläubigern verklagt, wenn ihre Unternehmen die Schuld nicht zahlen konnten. Infolge der fehlenden Zahlungsfähigkeit solcher Staatsbehörden fanden Rechtsstreitigkeiten zwischen Staatsbehörde und Gläubigern kein Ende. Dadurch wurde einerseits die Erfüllung der öffentlichen Aufgaben der Staatsbehörde behindert, andererseits wurden das öffentliche Bild von der Staatsbehörde und die Wirtschaftsordnung beschädigt.[462]

Die Regierung und der Gesetzgeber hatten deshalb zahlreiche auf das Kreditsicherungsverbot der Staatsbehörde gerichtete Verwaltungsverordnungen, Rechtsverordnungen und Auslegungen erlassen. So hatte der chinesische Staatsrat in der „Mitteilung über das Kreditsicherungsverbot der Staatsbehörde für die Wirtschaftsaktivität“[463] begründet: Das Risiko sollte erkannt werden, wenn die Staatsbehörde als Sicherungsgeber tätig ist. Infolge ihrer Tilgungsunfähigkeit konnte die Staatsbehörde ihre Haftung nur durch Kürzung des Gehalts ihrer Angestellten und der öffentlichen Ausgaben tragen. Dies führte zu Wirtschaftsstreitigkeiten und der Entstehung uneinbringlicher Forderungen. Die Wirtschaftsordnung und das sozialistische Marktwirtschaftssystem wurden folglich beschädigt. Im Jahr 1988 hatte das chinesische oberste Volksgericht ebenfalls in § 106 II der „Ansichten zu Fragen bezüglich der Anwendung der AGZR“[464] besagt, dass die Staatsbehörde nicht als Bürge tätig werden dürfe und ein mit ihr abgeschlossener Bürgschaftsvertrag als nichtig anzusehen sei.

---

[462] Zou, Hailin/Chang, Min, Theorie und Praxis der Forderungssicherung, S. 46.

[463] Diese Mitteilung wurde am 23.02.1993 vom chinesischen Staatsrat erlassen.

[464] 最高人民法院关于贯彻执行《中华人民共和国民法通则》若干问题的意见 (1988).

Allerdings konnten die Probleme durch die oben erwähnten Maßnahmen nicht vollständig gelöst werden[465]. In § 8 1. Halbsatz CKSG wird daher vorgeschrieben, dass die Staatsbehörde grundsätzlich nicht als Bürge auftreten kann. Übernimmt sie die Kreditsicherung rechtswidrig, so ist der Kreditsicherungsvertrag gemäß § 3 S. 1 ACKSG unwirksam. Daher kann der Gläubiger nach § 3 S. 2 ACKSG i.V.m. § 5 II CKSG Schadensersatz verlangen. Das Einkommen und das Vermögen der Staatsbehörde dienen der Subvention des Staatshaushalts. Dieses Einkommen kann daher nur für die Wahrnehmung öffentlicher Aufgaben zur Verfügung gestellt werden, damit die Staatsbehörde ihre Pflicht erfüllen kann.[466] Deshalb hat die Staatsbehörde letztlich keine Zahlungsfähigkeit und kann nicht Bürge werden[467].

(2) Ausnahme

Ausnahmsweise kann die Staatsbehörde mit Genehmigung des Staatrats für die Weiterverleihung eines Kredits, der bei einer ausländischen Regierung oder internationalen Organisation aufgenommen wird, einstehen (§ 8 2. Halbsatz CKSG).

Der Kreditvertrag bezieht sich meistens auf die Bereiche Energie, Verkehr, Umweltschutz, Industrie und Medien und einen dementsprechend großen Betrag. Eine natürliche Personen oder ein Unternehmen ist nicht in der Lage, sich für einen solchen Vertrag zu verbürgen. Daher ist ein besonderes Rückzahlungsverfahren in China entstanden[468]. Dabei fordert die Zentralregierung von der Lokalregierung oder der Lokalbehörde, für den Darlehensvertrag, der zwischen der chinesischen Zentralregierung und der ausländischen Regierung oder Organisation abgeschlossen wird, ein-

---

465 Vgl. Cheng, Xiao, S. 109.

466 Zou, Hailin/Chang, Min, Theorie und Praxis der Forderungssicherung, S. 44; Wang, Liming/Cui, Jianyuan, S. 511; Cheng, Xiao, S. 107.

467 Wang, Liming/Cui, Jianyuan, S. 511; Cheng, Xiao, S. 107.

468 Gao, Shengping, Praxisuntersuchung zu Problemen des Bürgschaftsvertrags, S. 71.

zustehen, wenn die Zentralregierung an die Lokalregierung das Darlehen weiterverleiht. Durch diese Sicherungsform sollen die Zentralregierung und die Lokalregierung gemeinsam die Kreditwürdigkeit des Staats aufrechterhalten.

bb. Öffentliche Institutionseinheit[469] und gesellschaftliche Körperschaft[470]

(1) Begriff und gesetzliche Bestimmung

Nicht nur natürliche Personen, sondern auch juristische Personen können sich für eine fremde Schuld verbürgen. Die Übernahme der Bürgschaft durch eine juristische Person wird jedoch durch Gesetz begrenzt. Nach § 9 CKSG können die Schulen, Kindergärten und Krankenhäuser etc., die eine zu öffentlichen Zwecken handelnde Institutionseinheit darstellen, sowie gesellschaftliche Körperschaften nicht Bürge sein. Der Bürgschaftsvertrag, den sie mit dem Gläubiger abgeschlossen haben, ist deshalb nichtig. Die Institutionseinheiten[471] sind die juristischen Personen, die von der staatlichen Behörde gegründet werden und dem öffentlichen Interesse und der Gesellschaft dienen. Die Tätigkeit der Institutionseinheit zielt nicht auf Gewinn, sondern auf Erfüllung der Bedürfnisse in den Bereichen Bildung, Kultur, Gesundheit, Medien und Technologie. Institutionseinheiten umfassen beispielsweise Schulen, wissenschaftliche Forschungsinstitute, Gesundheitsinstitute, Krankenhäuser, Handels- und Industriekammern etc. Die gesellschaftlichen Körperschaften[472] sind

---

[469] Chinesisch: 事业单位.

[470] Chinesisch: 社会团体.

[471] Der Begriff der Institutionseinheit wird gemäß Art. 2 I „Vorläufige Ordnung für die Verwaltung von der Registrierung der Institutionseinheit" (《事业单位登记管理暂行条例》) definiert. Diese Ordnung wurde am 25.10.1998 vom Staatsrat erlassen und am 27.06.2004 novelliert.

[472] Der Begriff der gesellschaftlichen Körperschaft ergibt sich aus Art. 2 I „Ordnung für die Verwaltung von der Registrierung der gesellschaftlichen Körper-

juristische Personen, die auf der Mitgliedschaft der ihnen zugehörigen Personen aufgebaut sind. Die Mitgliedschaft beruht auf Freiwilligkeit und einem gemeinsamen Ziel, wobei die Tätigkeit nicht auf Gewinn gerichtet ist. Gesellschaftliche Körperschaften sind z. B. die demokratischen Parteien[473], Gewerkschaften[474], die Stiftung für Behinderte[475], der Frauenverband[476], der Schriftstellerverband[477], die Buddhistische Vereinigung[478] etc.

Allerdings ergibt sich aus § 16 ACKSG eine Ausnahme von § 9 CKSG: „Die Bürgschaftsübernahme der Institutionseinheit oder der gesellschaftlichen Körperschaft, die gewerbliche Tätigkeiten ausüben, soll als wirksam angesehen werden, wenn der Bürgschaftsvertrag nicht aus einem anderen Grunde unwirksam ist".

(2) Problem und Bewertung

Im Grunde genommen will der Gesetzgeber durch die Bestimmung des § 9 CKSG das öffentliche Interesse schützen. Während der Entstehung des CKSG befand sich China noch auf der ersten Stufe der sozialistischen Marktwirtschaftsreform. Die Schulen, Kindergärten und Krankenhäuser gehörten in der Regel dem Staat. Ein gesetzliches Verbot, die Forderung eines anderen abzusichern, war in der Phase des Reformbeginns erforderlich. Mit dem Fortschritt der Wirtschaftsreform wurden zahlreiche privaten Schule, Kindergarten, Kliniken und Universitäten gegründet. Ihre Tätigkeiten sind zwar gewissermaßen mit dem öffentlichen Interesse verknüpft, jedoch handeln sie auch mit der Absicht, Gewinn zu erzielen.

---

schaft" (《社会团体登记管理条例》). Diese Ordnung wurde am 25. Oktober 1998 erlassen.

473 Chinesisch: 民主党派.

474 Chinesisch: 工会.

475 Chinesisch: 残疾人基金会.

476 Chinesisch: 妇联.

477 Chinesisch: 作家协会.

478 Chinesisch: 佛教协会.

Das umfassende Verbot der Bürgschaftsübernahme durch solche Institutionseinheiten hindert die Wirtschaftsentwicklung und ist folglich unzweckmäßig.

cc. Juristische Unternehmenspersonen[479]

(1) Allgemeines

Juristische Unternehmensperson ist die juristische Person, die mit Gewinnabsicht Wirtschaftsaktivitäten betreibt. Zur juristischen Unternehmensperson gehören das volkseigene Unternehmen, das kollektive Unternehmen, verbundene Unternehmen, im Gebiet der VR China errichtete Joint Ventures (Chinesisch-ausländische mit gemeinsamem Kapital betriebene Unternehmen, Chinesisch-ausländische kooperativ betriebene Unternehmen, Unternehmen mit ausländischem Kapital) und sonstige Unternehmen. Nach dem Prinzip der Privatautonomie sind die Parteien gemäß § 4 CVG berechtigt, im Rahmen des geltenden Rechts Verträge nach ihrem eigenen Willen abzuschließen; keine Einheit und kein Einzelner darf sich dabei rechtswidrig einmischen. § 11 CKSG konkretisiert dieses Prinzip weiter im Bereich der Personalsicherheit: Keine Einheit und kein Einzelner darf die Finanzinstitute (Bank etc.) oder die Unternehmen zwingen, für die Schuld eines anderen einzustehen.

(2) Gesellschaften

(i) Die Beschränkung aus § 60 III CGesG a.F. und § 4 ACKSG

Das chinesische Kreditsicherungsgesetz regelt nicht den Fall, dass eine Gesellschaft die Bürgschaft übernimmt. Zu Anfang der 90er Jahre gehörten die Unternehmen in China meistens dem Staat. Nach den Willen des Staats sollten die Unternehmen sich auf Gewinn und Steigerung des Unternehmenswertes konzentrieren und nicht durch Bürgschaft oder andere

[479] Chinesisch: 企业法人.

Lasten das Unternehmenseigentum riskieren[480]. Es war daher notwendig, die Übernahme der Bürgschaft durch eine Gesellschaft zu beschränken. Die Regelung, die für den Bürgschaftsvertrag eine zwingende Rechtsbestimmung war, fand sich im chinesischen Gesellschaftsgesetz. Nach § 60 III CGesG a.F. dürfen Vorstandsmitglieder und Manager aus dem Vermögen der Gesellschaft gegenüber Aktionären der Gesellschaft oder anderen Personen keine Sicherheiten zur Verfügung stellen[481]. Ein dagegen verstoßender Bürgschaftsvertrag ist unwirksam. Den von § 60 CGesG a.F. geprägten Grundsatz schreibt § 4 ACKSG weiter fort: Der Kreditvertrag, der unter den in § 60 III CGesG a.F. erwähnten Umständen abgeschlossen wird, ist unwirksam; es sei denn, dass der Gläubiger diesen Kredit kennt oder kennen muss. Der Hauptschuldner und der Bürge haften dem Gläubiger auf Schadensersatz als Gesamtschuldner.

Der Grundgedanke des gesetzlichen Verbots gemäß § 60 III CGesG a.F. besteht darin, dass der Gesetzgeber das Interesse des Aktionärs und des Gläubigers der Gesellschaft schützen soll.[482] Denn bei dem Vertrag zwischen Gesellschaft (Bürgen) und Hauptschuldner handelt es sich meistens um ein unentgeltliches Rechtsgeschäft, das in der Regel zu Lasten der Gesellschaft wirkt und auch mit dem Prinzip der Bestimmbarkeit des Eigenkapitals[483] nach dem Gesellschaftsgesetz nicht vereinbar wäre.

Das Ziel des CGesG a.F. ist, der Reform der staatlichen Unternehmen zu dienen[484]. Aus der Sicht des Gesetzgebers des CGesG a.F. könnten Schä-

---

480 Vgl. Bai, Yan, S. 47.

481 Am 07.01.2002 wurde eine Mitteilung zum Erlass des „Standards der Corporate Governance börsenzugelassener Gesellschaften" (《上市公司管理准则》) von der Chinesischen Wertpapieraufsichtskommission verabschiedet. In § 14 II wird auch geregelt, dass die börsenzugelassenen Gesellschaften den Aktionären und den mit ihnen verbundenen Parteien keine Sicherheiten zur Verfügung stellen dürfen.

482 Gao, Shengping, Praxisuntersuchung zu Problemen des Bürgschaftsvertrags, S. 55.

483 Xie, Huaishi, S. 289 ff.

484 Cheng, Xiao, S. 148.

den für das staatliche Vermögen entstehen, wenn Vorstandsmitglieder und Manager sich mit Vermögen der Gesellschaft für die Verbindlichkeit eines anderen verbürgen. Aber dieses umfangreiche Verbot gemäß § 60 III CGesG a.F. beschränkt auch die normalen Aktivitäten der Unternehmen. Ohne die Absicherung der Gesellschaft kann deren Finanzierung in Schwierigkeiten geraten.

(ii) Veränderung aus CGesG n.F.

Mit dem Fortschritt der Wirtschaftsreform Chinas wurden diverse nicht staatseigene Unternehmen gegründet. Der darauf nicht zugeschnittene § 60 III CGesG a.F. bedurfte daher der Veränderung. Die neuen Regelungen über Kreditsicherung nach CGesG n.F. sollen mehr das Prinzip der Privatautonomie der Gesellschaft im Auge haben[485]. Die Gesellschaft kann unter den folgenden bestimmten Voraussetzungen die Verbindlichkeit des Dritten sichern:

1. Nach § 16 I CGesG n.F. muss die Gesellschaft gemäß der Gesellschaftssatzung einen Beschluss des Vorstandes, der Versammlung der Aktionäre oder der Hauptversammlung herbeiführen, wenn sie die Schuld eines anderen sichern soll.
2. Nach § 16 II CGesG n.F. bedarf es der Genehmigung durch Beschluss der Versammlung der Aktionäre oder der Hauptversammlung, wenn die Gesellschaft Aktionäre oder beherrschende Personen der Gesellschaft absichern soll;
3. Ohne Zustimmung durch den Vorstand, die Versammlung der Aktionäre oder die Hauptversammlung können Vorstandsmitglieder und hochrangige Manager gemäß § 149 I CGesG n.F. keine Sicherheiten zur Verfügung stellen.

(3) Zweigstelle und Abteilung der juristischen Unternehmensperson

Der Begriff der Zweigstelle der juristischen Unternehmensperson umfasst

---

[485] Vgl. Cao, Shibing, S. 78.

in der Regel Zweigstellen der Gesellschaft, Zweigstellen der Fabrik, Filialen oder Zweigniederlassungen des Unternehmens[486]. Nach § 14 S. 1 CGesG kann die Gesellschaft eine Zweigstelle gründen. Diese soll sich gemäß § 14 S. 2 CGesG bei der zuständigen Registerbehörde registrieren und die Geschäftserlaubnis beantragen. Nach § 14 S. 3 CGesG besitzt die Zweigstelle der Gesellschaft allerdings keine rechtliche Selbstständigkeit; ihre zivilrechtliche Haftung wird von der Gesellschaft übernommen.

Die Zweigstelle der juristischen Unternehmensperson kann grundsätzlich keine Bürgschaft übernehmen (§ 10 I CKSG); es sei denn, dass ihr die schriftliche Ermächtigung von der juristischen Unternehmensperson erteilt wird (§ 10 II CKSG). In diesem Fall kann sie sich dem Gläubiger lediglich im Rahmen der Ermächtigung verbürgen. Ohne die Ermächtigung der juristischen Unternehmensperson ist nach § 29 CKSG der Bürgschaftsvertrag bzw. der die Ermächtigung überschreitende Teil des Bürgschaftsvertrags unwirksam. Wenn ein Schadensersatzanspruch des Vertragspartners bei einem unwirksamen Bürgschaftsvertrag besteht, handelt es sich in der Regel um die Haftung aus *culpa in contrahendo*[487] (Verschulden bei Vertragsschluss).[488] Dabei kann eine Vertragspartei des Bürgschaftsvertrags von der anderen Schadensersatz verlangen, weil sie ihr während der Aufnahme von Vertragsverhandlungen vertraut hat. Im chinesischen Vertragsrecht folgt die Haftung des Vertragspartners grundsätzlich dem Verschuldensprinzip[489]. Danach haftet der Vertragspartner nur, wenn ihn Verschulden trifft; je höher der Grad an Verschulden ist, desto höher fällt die Haftung aus. Das Verschulden der Vertragspartei liegt vor, wenn sie Vorsatz oder Fahrlässigkeit zu vertreten hat. Trifft den Gläubiger kein Verschulden hinsichtlich der Unwirksamkeit des Bürgschaftsvertrags, entfällt demnach die Haftung auf Schadensersatz. Nach

486 Cheng, Xiao, S. 125.
487 Chinesisch: 缔约过失.
488 Wang, Liming/Cui, Jianyuan, S. 314 f.
489 Chinesisch: 过错责任原则. Cai, Yongmin, S. 54.

den allgemeinen Zurechnungsregeln im chinesischen Recht ist das Verhalten des Dritten einer Vertragspartei zuzurechnen, wenn sie diesen Umstand kannte oder kennen musste. Die Zweigstelle der juristischen Unternehmensperson trifft zwar dafür Verschulden, jedoch muss die juristische Unternehmensperson gemäß § 29 2. Halbsatz CKSG haften, ohne Rücksicht auf Unkenntnis oder fehlendes Verschulden. Daher geht nach der gesetzgeberischen Überlegung des § 29 2. Halbsatz CKSG der Gläubigerschutz dem Verschuldensprinzip und den Zurechnungsregeln vor.

Wenn sowohl beim Gläubiger als auch beim Unternehmen Verschulden vorliegt, muss jede Seite die entsprechende Haftungsquote übernehmen (§ 29 1. Halbsatz CKSG).

Nach § 10 I CKSG kann sich die Abteilung des Unternehmens ebenfalls nicht für die Verbindlichkeit eines anderen verbürgen und der trotzdem abgeschlossene Bürgschaftsvertrag ist gemäß § 18 I S. 1 ACKSG unwirksam. Die Rechtsfolge der Unwirksamkeit des Bürgschaftsvertrags unterscheidet zwischen den folgenden zwei Fällen:

1. Der Gläubiger soll allein allen Schadensersatz zahlen müssen, wenn er weiß oder wissen muss, dass der Bürge eine Abteilung eines Unternehmens ist (§ 18 I S. 2 ACKSG);
2. Der Gläubiger soll gemäß §§ 5 II[490], 29 CKSG verschuldensabhängig haften, wenn er nicht weiß, dass der Bürge eine Abteilung eines Unternehmens ist (§ 18 II ACKSG).

---

[490] Ist die Unwirksamkeit des Kreditsicherungsvertrags festgestellt und fällt Gläubiger, Hauptschuldner und Kreditsicherungsgeber gleichermaßen Verschulden zur Last, so muss jeder Beteiligte nach § 5 II CKSG die entsprechende Haftung übernehmen.

2. Zustandekommen des Bürgschaftsvertrags

a. Privatautonome Vereinbarung

Die Legaldefinition des Bürgschaftsvertrags, die bereits der Wortlaut des § 6 CKSG enthält, wird durch die allgemeine Vertragsdefinition in § 2 I CVG ergänzt, wonach die im Vertragsgesetz genannten Verträge „Vereinbarungen zwischen Bürgern, juristischen Personen und anderen Organisationen als gleichberechtigten Subjekten zur Begründung, Änderung oder Beendigung einer Beziehung mit zivilrechtlichen Rechten und Pflichten“ und folglich privatautonome Vereinbarungen mit rechtsverbindlicher Wirkung (§ 8 CVG) sind.

Nach § 13 CVG schließen die Vertragsparteien den Vertrag durch Angebot und Annahme. Angebot und Annahme sind zwei übereinstimmende Willenserklärungen, die eine bestimmte Rechtsfolge herbeiführen wollen. Der Bürgschaftsvertrag wird nur abgeschlossen, wenn der Bürge ausdrücklich erklärt, dass er für die Verbindlichkeit des Hauptschuldners einstehen will.[491] Die Bürgschaft ist in der Regel ein einseitig verpflichtender, zugunsten eines anderen abgeschlossener unentgeltlicher Vertrag, aber auch ein risikoreiches Rechtsgeschäft. Das CKSG (§ 6 CKSG) verlangt deshalb eine ausdrückliche Willenserklärung des Bürgen für das Zustandekommen des Bürgschaftsvertrags, eine konkludente oder stillschweigende Willenserklärung des Bürgen genügt nicht[492]. Dadurch können die Interessen des Bürgen geschützt werden.

b. Inhalt des Bürgschaftsvertrags

§ 15 I CKSG beschreibt einen disponiblen Standardinhalt[493] des Bürgschaftsvertrags. Danach soll ein Bürgschaftsvertrag in der Regel die fol-

---

[491] Cheng, Xiao, S. 69.
[492] Cheng, Xiao, S. 69.
[493] Ausführlich: Dritter Teil D III 4 b.

genden „wesentlichen Klauseln“ umfassen:

1. Art und Betrag der Hauptverbindlichkeit;
2. Frist zur Erfüllung der Hauptverbindlichkeit;
3. Art der Bürgschaft;
4. Umfang der Bürgschaft;
5. Frist der Bürgschaft;
6. Sonstige Vertragsklauseln, die die Parteien des Bürgschaftsvertrags vereinbaren sollen.

Es wird von der h.M.[494] allerdings die Auffassung vertreten, es handele sich bei den oben aufgezählten Regelungsinhalten nur um die wesentlichen Bestandteile eines Bürgschaftsvertrags, ohne die ein Bürgschaftsvertrag jedoch auch zustande komme. Sie geht vielmehr davon aus, dass § 15 I CKSG lediglich im Sinne einer Soll-Vorschrift eine Standardisierungs- und Leitfunktion hat und keine der dort genannten Vertragsklauseln notwendigerweise zum Vertragskern gehört.

Die von der h. M vertretene Auffassung ist zwar in einem gewissen Maße gerechtfertigt, ihr ist jedoch nicht uneingeschränkt zu folgen. Denn die in § 15 I Nr. 1 CKSG erwähnte „Art der Hauptverbindlichkeit“ ist gegenüber anderen in § 15 I CKSG aufgezählten Vertragsklauseln eine unentbehrliche Klausel für die Wirksamkeit des Bürgschaftsvertrags[495]. Wenn die Parteien des Bürgschaftsvertrags nicht die Hauptverbindlichkeit bestimmt hätten, würde der Vertragsgegenstand fehlen, und dies hätte zur Folge, dass der Bürgschaftsvertrag nicht zustandegekommen wäre. Bei fehlender Regelung über die Hauptverbindlichkeit kann nicht davon ausgegangen werden, dass die Vertragsparteien ausschließlich ein Schuldverhältnis der Bürgschaft abschließen wollten. Fehlt eine Vertragsklausel nach § 15 I CKSG außer der „Art der Hauptverbindlichkeit“, ist der

---

494 Guo, Mingrui, S. 39; Gao, Shengping, Praxisuntersuchung zu neuen Problemen des Kreditsicherungsrechts, S. 140 f.; Kong, Xiangjun, S. 120; Ye, Jinqiang, S. 41.

495 Cheng, Xiao, S. 68.

Bürgschaftsvertrag trotzdem wirksam.

3. Form

a. Grundsatz

Nach dem Grundsatz der Formfreiheit kann jeder Vertrag mündlich, schriftlich oder in anderer Form wirksam abgeschlossen werden (§ 10 I CVG). Für den Bürgschaftsvertrag schränkt allerdings § 13 CKSG diesen Grundsatz ein und verlangt Schriftform. Damit sollen den Vertragsparteien die Verpflichtungen aus dem Vertrag bewusster werden und im Streitfall kann leichter Beweis geführt werden.[496] Der nach § 13 CKSG zu beachtenden Schriftform genügen nach § 11 CVG nicht nur Vertragsurkunden, sondern auch Briefe und elektronische Datenschriftstücke - einschließlich Telegramme, Fernschreiben, Faxe, ausgetauschte elektronische Daten sowie E-mail. Ein durch Vertragsurkunde abgeschlossener Vertrag ist gemäß § 32 CVG nur wirksam, wenn beide Vertragsparteien auf ihn ihre Unterschriften oder Stempel gesetzt haben.

Im Unterschied zum deutschen Recht bedarf nach CKSG auch die Bürgschaftserklärung, die sich nicht nur auf natürliche Personen, sondern auf Kaufleute bezieht, der Schriftform. Damit kann einerseits der Bürge zur Vorsicht angehalten und vor nicht ausreichend überlegten Willenserklärungen geschützt werden, andererseits entspricht diese Formvorschrift des CKSG dem Grundprinzip der Integration des Zivil- und Handelsrechts. Allerdings scheint das CKSG hier eher dogmatischer Natur zu sein, da für Kaufleute, insbesondere für Unternehmen, das Schriftformerfordernis weder der Warnfunktion noch dem Schutzzweck des Bürgen dienen kann.[497] Die Effektivität des Wirtschaftsverkehrs wird danach in gewissen Maß beschränkt.

---

[496] Cheng, Xiao, S. 78.
[497] Cheng, Xiao, S. 78.

In der Justizpraxis ergibt sich die Schriftform der Bürgschaft in der Regel in folgenden zwei Fällen[498]:

1. Bürgschaft als selbstständiger Vertrag neben den Hauptvertrag;
2. Die Klauseln über Bürgschaft, denen der Bürge ausdrücklich zugestimmt hat, werden in den Hauptvertrag aufgenommen.

b. Rechtsfolge des Formmangels

Anders als im deutschen Recht (§ 125 BGB) fehlt es im chinesischen Recht an einer eindeutigen gesetzlichen Regelung der Rechtsfolgen von Formverstößen. Gemäß § 36 CVG (Heilungsvorschrift) kann ein nicht formgültig abgeschlossener Vertrag trotzdem wirksam werden, wenn eine Vertragspartei bereits die wesentliche Vertragspflicht erfüllt und die andere dies angenommen hat. Man kann davon ausgehen, dass ein gegen gesetzliche oder vertraglich vereinbarte Formvorschriften verstoßender Vertrag grundsätzlich nichtig ist und § 36 CVG als eine Ausnahme verstanden werden soll. Daher ist auch ein mündlicher Bürgschaftsvertrag wirksam, so dass der Bürge sich nicht auf dessen Nichtigkeit aufgrund des Formmangels berufen kann, falls er die Verbindlichkeit aus der Bürgschaft erfüllt hat.[499]

4. Gesetzliche Beschränkungen

a. Grundsatz der Vertragsfreiwilligkeit

Der Grundsatz der Vertragsfreiwilligkeit, die nach ihrem Inhalt in Abschlussfreiheit (§ 4 CVG) und Inhaltsfreiheit (§ 12 I 1. Halbsatz CVG) unterteilt wird, bildet die gesetzliche Basis jeder Vertragsgestaltung in China.[500] Der Begriff der Freiwilligkeit stammt ursprünglich aus § 4

---

[498] Cheng, Xiao, S. 78 f.
[499] Cao, Shibing, S. 123.
[500] Riemenschneider, S. 85.

AGZR. Als die AGZR in Kraft trat, begann China zwar von der Planwirtschaft zur Markwirtschaft überzugehen, im Wirtschaftsleben aber war die Planwirtschaft noch vorherrschend. Die Vertragsparteien (meistens sind es staatliche Unternehmen) konnten kaum den Vertrag mit Freiwilligkeit abschließen, da sie auf Anordnungen von den Behörden den Wirtschaftsentwicklungsplan umsetzen mussten. Von daher ist es bedeutungsvoll, das Grundprinzip der Freiwilligkeit in den AGZR festzulegen. Damit die Formulierung den § 4 AGZR entspricht, vermeidet der chinesische Gesetzgeber in § 4 S. 1 CVG den Begriff der „Vertragsfreiheit", wonach „die Parteien das Recht genießen, rechtmäßig aus eigenem Willen Verträge zu errichten."

Beide Grundsätze, die Vertragsfreiwilligkeit im chinesischen Vertragsgesetz und die Vertragsfreiheit im deutschen Recht, gelten sinngemäß als gleichbedeutend;[501] ein Unterschied zwischen beiden Instituten besteht nach h.M. lediglich in der Terminologie[502].

Nach dem Grundsatz der Abschlussfreiheit sind zunächst die Vertragsparteien berechtigt, rechtmäßig Verträge nach ihrem eigenen Willen zu schließen. Keine Einheit[503] (Der Begriff der Einheit enthält die Bedeutungen von „Kollektiv", „öffentliche Organisation" und „Unternehmen" etc.; im Deutschen hat er keine einheitliche Übersetzung.) und kein Einzelner dürfen dabei rechtswidrig eingreifen.

Demgegenüber bezieht sich der Grundsatz der Inhaltsfreiheit darauf, dass Vertragsparteien die Inhaltsobjekte ihres vertraglichen Übereinkommens (den Leistungsgegenstand, den Preis sowie die einzelnen Vertragsklauseln) frei gestalten können.[504] In § 12 I 2. Halbsatz CVG und § 15 I CKSG sind gewisse formale Vorgaben für die Vertragsgestaltung enthalten, aber diese sind gesetzlich nicht zwingend.[505] Das liegt daran, dass

---

501 Shi, Ping, S. 50.
502 Jiang, Ping, S. 5.
503 Chinesisch: 单位.
504 Shi, Ping, S. 49.
505 Riemenschneider, S. 86.

diese Kriterien lediglich dem Erziehungsgedanken des sozialistisch ausgerichteten chinesischen Rechts folgend das mangelnde Vertrauen in die selbstständige Gestaltung privater Rechtsbeziehung ausdrücken. Somit bedeuten § 12 I 2. Halbsatz CVG und § 15 I CKSG keine tatsächliche Einschränkung des Grundsatzes der Vertragsfreiheit. Nach § 12 II CVG steht es im Belieben der Parteien, Verträge nach den standardisierenden Vertragsmustern für die einzelnen Vertragsarten zu errichten. Dadurch kann nicht nur der Erziehungsgedanke des chinesischen Gesetzgebers, sondern auch der Grundsatz der Vertragsfreiwilligkeit integriert werden.

b. Disponibles und zwingendes Recht

Die herrschende Meinung in der chinesischen Rechtsliteratur unterscheidet zwischen disponiblem und zwingendem Recht[506].
Die disponiblen Gesetzesbestimmungen - wie die vorher schon erörterten §§ 15 I CKSG, 12 I CVG - zeigen lediglich das Vorbild für Standardinhalte des Bürgschaftsvertrags, das auf die Erziehungsfunktion des chinesischen Rechts abstellt. Dadurch wird die Privatautonomie nicht begrenzt. Der Bürgschaftsvertrag ohne die Standardinhalte nach dem disponiblen Recht ist dessen ungeachtet wirksam.
Die zwingenden Rechtsnormen, die dem Schutz der Staatssicherheit, der öffentlichen Interessen und der Interessen der Einzelnen dienen sollen,[507] beschränken die Vertragsfreiwilligkeit und sind ein wichtiger Maßstab bei der Beurteilung der Wirksamkeit eines Vertrags. Ein gegen „zwingende Bestimmungen von Gesetzen oder Verwaltungsverordnungen" verstoßender Vertrag ist nach § 52 Nr. 5 CVG nichtig. Zwingende Rechtsnormen im Sinne des § 52 Nr. 5 CVG sind etwa Gesetze, die vom Nationalen Volkskongress oder von seinem Ständigen Ausschuss verabschiedet wer-

---

[506] Hu, Kangsheng, S. 43; Wang, Lili, S. 52.
[507] Vgl. Cheng, Xiao, S. 190.

den, und die vom Staatsrat erlassenen Verwaltungsverordnungen.[508] Die zwingenden Bestimmungen über die Bürgschaft ergeben sich beispielsweise aus §§ 8, 9, 10 CKSG (Beschränkung des Bürgen)[509] und § 11 CKSG (Verbot der zwingenden Bürgschaft).

c. Nichtigkeit des Bürgschaftsvertrags nach § 52 CVG

aa. Nichtigkeitsgründe

Wird ein Vertrag gesetzwidrig abgeschlossen, hat dies seine Unwirksamkeit zur Folge. Dies ergibt sich aus § 52 CVG, wonach ein Vertrag unwirksam ist, wenn einer der folgenden Umstände vorliegt:

1. wenn eine Vertragspartei den Vertrag mit Täuschung oder Drohung erwirkt und dadurch staatliche Interessen schädigt;
2. wenn die Vertragsparteien mittels böswilliger Kollusion die Interessen des Staates, eines Kollektivs oder eines Dritten schädigen;
3. wenn beim Vertragsschluss ein rechtswidriges Ziel durch eine legale Form verschleiert wird;
4. wenn gesellschaftliche oder öffentliche Interessen geschädigt werden;
5. wenn zwingende Bestimmungen der Gesetzen oder Verwaltungsverordnungen verletzt werden.

Der Gesetzgeber bezweckt bei der Regelung der Unwirksamkeit des Vertrags den Schutz staatlicher und öffentlicher Interessen, da die chinesische Volkswirtschaft in erheblichem Maße auf Ressourcen aus gemeinschaftlicher Eigentümerschaft beruht.[510]

Der Begriff des staatlichen Interesses ist zwar nicht gesetzlich definiert, jedoch wird von der herrschenden chinesischen Rechtsliteratur vertreten, dass Interessen der staatlichen Betriebe nicht zum staatlichen Interesse im

---

508 Han, Shiyuan, S. 199.
509 Vgl. unten dritter Teil D III 1.
510 Vgl. Shi, Ping, S, 66.

Sinne des § 52 Nr. 1 und 2 CVG gehören.[511] Das staatliche Interesse umfasst das Interesse der Staatssouveränität, der Staatssicherheit und der Staatsvolkswirtschaft[512].

Es ist sinnvoll, die Unterschiede zwischen § 52 Nr. 1 und Nr. 2 CVG darzustellen, obwohl die Verletzung des staatlichen Interesses sowohl in § 52 Nr. 1 als auch Nr. 2 CVG erwähnt wird. § 52 Nr. 1 CVG setzt voraus, dass eine Vertragspartei Täuschung oder Drohung bei Abschluss des Vertrags ausübt; demgegenüber ist bei § 52 Nr. 2 CVG die böswillige Kollusion zwischen den Vertragsparteien erforderlich. Allerdings ist das Verhältnis der beiden Vorschriften unklar. Der Fall, dass die Täuschung oder Drohung nicht von einer Vertragspartei, sondern von einem Dritten ausgeübt wird, wird zunächst nicht ausdrücklich in § 52 Nr. 1 CVG geregelt. Nach dem Grundsatz von Treu und Glauben wird die Haftung des Dritten der Vertragspartei zugerechnet, wenn sie das Verhalten des Dritten kannte oder kennen musste.[513] Dann besteht beim Umfang des Interesses eines Dritten nach § 52 Nr. 2 CVG offensichtlich eine Undeutlichkeit, da das Interesse eines Dritten grundsätzlich das Interesse des Staats und eines Kollektivs enthält.

Beim öffentlichen Interesse nach § 52 Nr. 4 CVG handelt es um die öffentliche Ordnung und die guten Sitten[514].

Ein gegen § 52 CVG verstoßender Bürgschaftsvertrag ist nichtig. Nach dem Akzessorietätsprinzip ist der Bürgschaftsvertrag ebenfalls nichtig, wenn der Hauptvertrag zwischen dem Gläubiger und dem Hauptschuldner gegen § 52 CVG verstößt.

---

511 Zheng, Xianhua, S. 94; Cheng, Xiao, S. 189; Bu, Yuanshi, S. 106.
512 Cheng, Xiao, S. 189.
513 Bu, Yuanshi, S. 107.
514 Han, Shiyuan, S. 196; Wang, Liming/Cui, Jianyuan, S. 277; Zheng, Xianhua, S. 95.

bb. Probleme bei der Anwendung von § 52 CVG und § 30 CKSG

(1) Verhältnis von § 30 Nr. 2 CKSG zu § 52 Nr. 1 CVG

Nach § 30 Nr. 2 CKSG haftet der Bürge nicht, wenn ihn der Gläubiger durch Täuschung oder Drohung dazu veranlasst hat, den Bürgschaftsvertrag entgegen seinem wahren Willen abzuschließen. Die von § 30 Nr. 2 CKSG gegebenen Voraussetzungen führen nach § 52 Nr. 1 CVG des später in Kraft getretenen chinesischen Vertragsgesetzes allerdings zur Nichtigkeit des Bürgschaftsvertrags. Daraus ergibt sich die Frage, welche Vorschrift vorrangig anzuwenden ist.

Eine von Teilen der Literatur vertretene Ansicht[515] geht davon aus, dass in diesem Fall § 30 Nr. 2 CKSG angewendet werden soll. Dies wird damit begründet, dass das Kreditsicherungsgesetz gegenüber dem Vertragsgesetz ein Spezialgesetz sei. Nach dem Prinzip, dass ein Spezialgesetz (CKSG) gegenüber dem allgemeinen Gesetz (CVG) Vorrang hat, sei deshalb § 30 Nr. 2 CKSG anwendbar.

Diese Ansicht ist jedoch abzulehnen[516]. Denn § 30 Nr. 2 CKSG regelt nur, dass der Bürge bei Täuschung oder Drohung des Gläubigers nicht zu haften braucht. Dies bedeutet nicht, dass der Bürgschaftsvertrag nichtig ist. Dem Erlöschen der Bürgschaftshaftung kann nicht nur die Nichtigkeit des Bürgschaftsvertrags, sondern auch die Anfechtbarkeit zugrunde liegen. Ein Bürgschaftsvertrag, der mit Täuschung oder Drohung des Gläubigers abgeschlossen wird, ist zunächst nur ein anfechtbarer Vertrag (§ 30 Nr. 2 CKSG). Er ist dann nichtig, wenn die Anfechtung innerhalb eines Jahres (§ 55 Nr. 1 CVG) erklärt wird oder die Handlung des Gläubigers staatliche Interessen geschädigt hat (§ 52 Nr. 1 CVG).

Zusammenfassend kann festgehalten werden, dass kein Konflikt bei der Rechtsanwendung zwischen § 30 Nr. 2 CKSG und § 52 Nr. 1 CVG besteht und hier keine Konkurrenz zwischen Spezialgesetz und allgemei-

---

[515] Liu, Baoyu/Lü, Wenjiang, S. 179; Gao, Shengping, S. 161.

[516] Cheng, Xiao, S. 187.

nem Gesetz gegeben ist.

Die Rechtsfolge eines vom Gläubiger durch Täuschung oder Drohung erwirkten Bürgschaftsvertrags wird in erster Linie § 30 Nr. 2 CKSG entnommen. Die in § 52 Nr. 1 CVG angeordnete Rechtsfolge ist dann eine weitere Verschärfung der Rechtsfolge nach § 30 Nr. 2 CKSG.

(2) Verhältnis von § 30 Nr. 1 CKSG zu § 52 Nr. 2 CVG

Nach § 30 Nr. 1 CKSG braucht der Bürge die Bürgschaftshaftung nicht mehr zu tragen, wenn die Vertragsparteien des Hauptvertrags in böswilliger Kollusion zu Lasten des Bürgen zusammengewirkt haben.

Gemäß § 52 Nr. 2 CVG ist der Vertrag nichtig, wenn er in böswilliger Kollusion der Vertragsparteien Interessen des Staates, der Kollektiven oder des Dritten geschädigt hat.

Die Beziehung zwischen diesen beiden Vorschriften weist einen deutlichen Unterschied zu der oben bereits dargelegten Beziehung auf. Dieser Unterschied besteht darin, dass § 52 Nr. 2 CVG auch die Situation des § 30 Nr. 1 CKSG geregelt hat, weil der Bürge auch der Dritte im Sinne des § 52 Nr. 2 CVG ist.

Mit Anwendung des § 30 Nr. 1 CKSG ist der Bürgschaftsvertrag nur ein anfechtbarer Vertrag, aber er ist mit Anwendung des § 52 Nr. 2 CVG ein nichtiger Vertrag. Daher ist ein Anwendungskonflikt zwischen § 52 Nr. 2 CVG und § 30 Nr. 1 CKSG gegeben. Nach dem Prinzip, dass das Spezialgesetz (CKSG) Vorrang vor dem allgemeinen Gesetz (CVG) hat, ist § 30 Nr. 1 CKSG anzuwenden. Gegenüber dem Kreditsicherungsgesetz ist das Vertragsgesetz nicht nur ein allgemeines Gesetz, sondern auch ein neueres Gesetz, weil es späterer als das Kreditsicherungsgesetz erlassen wurde.[517] Nach dem Prinzip, dass das neue Gesetz Vorrang vor dem alten Gesetz hat, wird allerdings § 52 Nr. 2 CVG angewendet. Dieser Anwendungskonflikt soll eigentlich durch § 85 I GesGebG gelöst werden. Da-

---

[517] Das chinesische Kreditsicherungsgesetz wurde im Jahr 1995 erlassen. Das chinesische Vertragsgesetz wurde in 1999 erlassen.

nach wird vom Ständigen Ausschuss des Nationalen Volkskongresses entschieden, falls das neue allgemeine Gesetz und das alte Spezialgesetz an den gleichen Tatbestand unterschiedliche Rechtsfolgen knüpfen und die Konkurrenz nicht bestimmt wird. Bisher hat der Ständige Ausschuss des Nationalen Volkskongresses keine Entscheidung zu dieser Frage getroffen.

Die Bestimmung des § 30 Nr. 1 CKSG dürfte nach Erlass des chinesischen Vertragsgesetzes obsolet geworden sein und sollte in der Zukunft durch entsprechende Änderung des Kreditsicherungsgesetzes beseitigt werden.

cc. Probleme auf Rechtsfolgenseite

Die Nichtigkeit des Bürgschaftsvertrags führt dazu, dass der Bürge von der Bürgschaftsverpflichtung befreit wird. Bei nichtigem Bürgschaftsvertrag bestehen weiter Ansprüche auf Schadensersatz.

Im chinesischen Bürgschaftsrecht ist die Rechtsfolge allerdings problematisch und diskussionsbedürftig. Dabei ist zwischen zwei Fällen zu unterscheiden:

(1) Nichtigkeit des Bürgschaftsvertrags mit wirksamem Hauptvertrag

Ist der Hauptvertrag wirksam und der Bürgschaftsvertrag unwirksam, und trifft den Gläubiger daran kein Verschulden, soll der Bürge als Solidarschuldner mit dem Hauptschuldner gemäß § 7 2. Halbsatz ACKSG den eingetretenen „Schaden" des Gläubigers ersetzen. Wäre der Bürgschaftsvertrag wirksam, hätte der Bürge die Einrede der Vorausklage geltend machen können. Nach dem Wortlaut des § 7 1. Halbsatz ACKSG muss allerdings der Bürge auf die Einrede der Vorausklage verzichten. Dies bedeutet, dass der Bürge beim unwirksamen Bürgschaftsvertrag schlechter behandelt wird, als er bei wirksamem Bürgschaftsvertrag stünde.[518] Deshalb sollte hier nicht „Schaden", sondern „die Leistung, die der

[518] Cheng, Xiao, S. 195.

Hauptschuldner nicht erfüllt hat“, formuliert werden.

Trifft den Gläubiger mit dem Bürgen gemeinsam an der Unwirksamkeit des Bürgschaftsvertrags ein Verschulden, muss der Bürge nach § 7 2. Halbsatz ACKSG die zivilrechtliche Haftung tragen. Allerdings kann diese Haftung nicht über die Hälfte der Leistung, die der Hauptschuldner nicht vertragsgemäß erbracht hat, hinausgehen. Die Intention dieser Auslegung des obersten Volksgerichts dürfte darin zu sehen sein, dass durch die Haftungsbeschränkung erhöhter Bürgenschutz und ein konkreter Urteilsmaßstab für den Richter in der Praxis erreicht werden soll.[519] Diese nicht unmittelbar nachvollziehbare Bestimmung über die Haftungsbeschränkung des Bürgen nach § 7 2. Halbsatz ACKSG widerspricht jedoch dem zivilrechtlichen Grundsatz, dass der Bürge und der Gläubiger nur entsprechend ihrem Verschulden haften sollen.

(2) Nichtigkeit des Bürgschaftsvertrags aufgrund des unwirksamen Hauptvertrags

Wegen des Akzessorietätsprinzips führt die Unwirksamkeit des Hauptvertrags zur Nichtigkeit des Bürgschaftsvertrags (§ 5 CKSG). Damit braucht der Bürge nach § 8 1. Halbsatz ACKSG die zivilrechtliche Haftung grundsätzlich nicht zu tragen; es sei denn, dass dem Bürgen ein Verschulden zur Last fällt. Bei der Haftung des Bürgen muss ein Unterschied zwischen der Nichtigkeit des Bürgschaftsvertrags infolge des unwirksamen Hauptvertrags und der Nichtigkeit des Bürgschaftsvertrags aus selbstständigen Gründen bestehen[520]. Denn der Bürge ist an den Beziehungen des Hauptvertrags nicht beteiligt. Nach § 8 2. Halbsatz ACKSG haftet daher der Bürge maximal in Höhe eines Drittels der Leistung, die der Hauptschuldner nicht vertragsmäßig erfüllt hat, wenn den Bürgen für die Nichtigkeit des Hauptvertrags Verschulden trifft.

Zur Begründung des § 8 2. Halbsatz ACKSG hat der chinesische Gesetz-

---

[519] Vgl. Cheng, Xiao, S. 197.
[520] Cao, Shibing, S. 90.

geber erklärt: „An der Nichtigkeit des Hauptvertrags trifft grundsätzlich den Gläubiger und den Hauptschuldner Verschulden. Die Haftung des Bürgen soll aber in der Regel nicht über die Haftung der Partei des Hauptvertrags hinausgehen, obwohl nicht die Parteien des Hauptvertrags, sondern der Bürge Verschulden hat. Denn die Nichtigkeit des Bürgschaftsvertrags wird von der Nichtigkeit des Hauptvertrags verursacht. Der Schaden des Gläubigers soll daher von drei Seiten, nämlich Gläubiger, Hauptschuldner und Bürgen, getragen werden. Dafür haftet der Bürge regelmäßig auf ein Drittel“. Der chinesische Gesetzgeber will durch diese Regelung das Ziel erreichen, dass der Bürge zwar für sein Verschulden haften muss, andererseits seine Haftung aber lediglich eine begrenzte Ergänzungshaftung ist, da das Verschulden des Bürgen nicht die wesentliche Ursache der Nichtigkeit des Hauptvertrags ist.[521]

Die Vorschrift des § 8 ACKSG ist kritisch zu sehen. Die Begründung vermag nicht zu überzeugen und wird von der Rechtsdogmatik auch nicht gestützt. Im Ergebnis sollte die Haftung des Bürgen entweder als Haftung aus *culpa in contrahendo* (Verschulden bei Vertragsschluss) oder als deliktische Haftung behandelt werden.

E. Rechtsverhältnis zwischen Bürgen und Gläubiger

I. Akzessorietät

1. Bestehen der Hauptschuld

Die Bürgschaft ist nach chinesischem Recht in der Regel akzessorisch. Zunächst ist ihre Entstehung grundsätzlich von der Existenz der Hauptschuld abhängig. Daher ist der Bürgschaftsvertrag nach § 5 I S. 1 CKSG ein „Nebenvertrag“ des Hauptvertrags. Die Nichtigkeit des Hauptvertrags bedeutet auch die Nichtigkeit des Bürgschaftsvertrags.

[521] Cheng, Xiao, S. 180.

2. Inhalt und Umfang

Die Bürgschaft ist weiterhin im Inhalt und Umfang zur Hauptverbindlichkeit akzessorisch.

Nach h.M.[522] kann der Umfang der Bürgschaft aufgrund ihrer Akzessorietät nicht über den Umfang der Hauptverbindlichkeit hinausgehen. Dabei wird dies zwar im Gesetz nicht ausdrücklich erwähnt, jedoch beschränkt § 21 I S. 1 CKSG die maximale Haftung des Bürgen (sog. „Gesetzliche Haftungsbegrenzung“), wonach der Umfang der Bürgschaftshaftung lediglich die Hauptschuld, die Zinsen, die Vertragsstrafe, den Schadensersatz sowie den Aufwand zur Durchsetzung der Hauptschuld umfasst.

Sobald die Haftung der Bürgschaft festgestellt wird, können weder der Gläubiger noch der Hauptschuldner ohne die Zustimmung des Bürgen dessen Haftung erschweren.

3. Die Forderungszuständigkeit

Ähnlich wie das deutsche Recht unterscheidet die Akzessorietät der Forderungszuständigkeit im chinesischen Recht zwischen Gläubigerwechsel und Schuldnerwechsel. Im Fall des Gläubigerwechsels besteht die Verpflichtung des Bürgen gegenüber dem Neugläubiger weiter, wenn der Altgläubiger die Hauptforderung an einen Dritten abtritt, es sei denn, dass die Vertragsparteien des Bürgschaftsvertrags anderes vereinbart haben (§§ 22 CKSG, 28 ACKSG, 81 CVG). Bei Auswechslung des Schuldners ist die Haftung des Bürgen grundsätzlich ausgeschlossen, es sei denn, dass er schriftlich zugestimmt hat (§§23 CKSG, 29 AKSG, 86 CVG).

---

522 Wang, Liming/Cui, Jianyuan, S. 509; Wang, Shuliang, S. 33; Guo, Mingrui, S. 29.

4. Akzessorietät über Einrede des Hauptschuldners

Die unterschiedlichen Regelungen über Geltendmachung von Einreden des Hauptschuldners nach § 768 BGB und nach § 770 BGB finden im chinesischen Bürgschaftsrecht keine Entsprechung. Stattdessen kann der Bürge nach § 20 I S. 1 CKSG nur ein „Verteidigungsrecht“[523] des Hauptschuldners geltend machen. Dazu wird dieses „Verteidigungsrecht“ durch § 20 II CKSG legaldefiniert: „Verteidigungsrecht ist ein Recht des Schuldners, mit dem der Schuldner sich der Inanspruchnahme durch den Gläubiger entgegenstellen kann“. Nach Ansicht der herrschenden chinesischen Literatur umfasst das „Verteidigungsrecht“ des § 20 II CKSG Verjährung (§ 135 AGZR), Einrede des nicht erfüllten Vertrags[524] (§§ 66, 67 CVG), Unsicherheitseinrede (§ 68 CVG) und Zurückbehaltungsrecht (§ 82 CKSG).[525] Ähnlich wie nach § 768 II BGB kann der Bürge gemäß § 20 I S. 2 CKSG auch das „Verteidigungsrecht“ ausüben, wenn der Hauptschuldner darauf verzichtet.

Leistungsverweigerungsrechte des Bürgen, denen die Einreden des Hauptschuldners der Anfechtbarkeit und der Aufrechenbarkeit (§ 770 BGB) zugrunde liegen, werden aber nicht in CKSG geregelt, insoweit besteht offensichtlich eine Gesetzeslücke.

---

[523] Chinesisch: 抗辩权.

[524] Über die Einrede des nicht erfüllten Vertrags wird das Prinzip des Art. 7. 1 .3 der „UNIDROIT - Principles of International Commercial Contracts“ im chinesischen Vertragsrecht aufgenommen. Danach unterscheidet sich die Einrede zwischen der Erfüllung ohne Reihenfolge (§ 66 CVG) und der Erfüllung mit Reihenfolge (§ 67 CVG).

[525] Cheng, Xiao, S. 241; Bai, Yan, S. 54 ff.; Zou, Hailin/Chang, Min, S. 87.

5. Ausnahmen von der Akzessorietät

a. Individualvertragliche Vereinbarung

Die Akzessorietät des Bürgschaftsvertrags kann von der vertraglichen Vereinbarung der Vertragsparteien beschränkt werden. Die Vertragsparteien können beispielsweise nach § 14 CKSG vereinbaren, dass der Bürge gegenüber dem Gläubiger nur mit einem Höchstbetrag haftet. Gemäß § 21 I CKSG können sie den Umfang der Bürgschaftshaftung durch Vereinbarung begrenzen.

b. Gesetzliche Ausnahmen

1. Ähnlich wie nach § 768 II BGB verliert der Bürge nach § 20 I S. 2 CKSG die Einrede nicht dadurch, dass der Hauptschuldner auf sie verzichtet.
2. Nach § 10 ACKSG führt die Kündigung des Hauptvertrags nicht dazu, dass die Bürgschaftshaftung erlischt.
3. Die Ansprüche des Gläubigers gegen den Bürgen bleiben von einem Insolvenzverfahren des Hauptschuldners unberührt. Der Bürge des Insolvenzschuldners (Hauptschuldner) bleibt gegenüber dem Gläubiger verpflichtet, wenn dieser nach dem Insolvenzverfahren nicht befriedigt wird (§§ 124 CInsG[526], 44 II S. 2 ACKSG).
4. Auch von einem Umstrukturierungsplan in Unternehmen bleiben die Ansprüche des Gläubigers gegen den Bürgen und anderen Gesamtschuldnern gemäß § 92 III CInsG unberührt.
5. Nach § 101 CInSG werden die Ansprüche des Gläubigers gegen den Bürgen und anderen Gesamtschuldnern nicht von einem Vergleich

---

526 《中华人民共和国企业破产法》. Das chinesische Unternehmensinsolvenzgesetz wurde erstmals in 1986 erlassen. Am 27. August 2006 wurde das revidierte chinesische Unternehmensinsolvenzgesetz erlassen. Es trat am 01.06.2007 in Kraft.

im Insolvenzverfahren beeinflusst.

c. Anerkennung der „unabhängigen Kreditsicherung“[527]

aa. Grundsatz

Die Vertragspartner können sich auch einigen, dass der Bürgschaftsvertrag nicht an den Hauptvertrag gekoppelt wird. Diesen Fall bezeichnet man in der chinesischen Rechtspraxis als sog. „unabhängige Kreditsicherung“[528].

Die „unabhängige Kreditsicherung“ wird zwar nicht im Wortlaut des chinesischen Kreditsicherungsgesetzes ausdrücklich geregelt, jedoch hat der chinesische Gesetzgeber absichtlich einen Raum dafür frei gehalten, dass die „unabhängige Kreditsicherung“ in CKSG anerkannt werden kann. Zwar ist der Kreditsicherungsvertrag grundsätzlich akzessorisch zum Hauptvertrag; wird nach § 5 I S. 2 CKSG im Kreditsicherungsvertrag aber etwas anderes vereinbart, gilt diese Vereinbarung. Die in der chinesischen Rechtslehre und Literatur herrschende Meinung zieht den Schluss, dass dieser Satz - „wird in dem Kreditsicherungsvertrag etwas anderes vereinbart, gilt diese Vereinbarung“ - die Rechtsgrundlage für die „unabhängige Kreditsicherung“ bildet.

Die „unabhängige Kreditsicherung“ hat ihren größten Anwendungsbereich im internationalen Handel und unterscheidet sich von den traditionellen Sicherungsmitteln dadurch, dass sie nicht von der Wirkung des Hauptvertrags abhängt, sondern ein unabhängiger Vertrag ist. Im Unterschied zur Definition der Garantie im deutschen Recht ist die „unabhängige Kreditsicherung“ im Sinne der chinesischen Rechtslehre der Kreditsicherung ein weiter gefasster Begriff. Ihre typischen Erscheinungsformen enthalten die folgenden Kategorien[529]:

---

[527] Chinesisch: 独立担保.

[528] He, Bo, S. 73; Bai, Yan, S. 28; Cao, Shibing, S. 41; Zhu, Fan, S. 190.

[529] Cao, Shibing, S. 37.

1. Die bedingungslose unwiderrufliche Kreditsicherung, die von Gläubiger und Sicherungsgeber vereinbart wird.
2. „Garantie auf erstes Anfordern" aus URDG
Die "Garantie auf erstes Anfordern" ist eine Form der Garantie, die im internationalen Handelsverkehr und in der Bankpraxis häufig verwendet wird. Die Internationale Handelskammer (ICC) hat 1991 neue „Einheitliche Richtlinien für auf Anfordern zahlbare Garantien" (Uniform Rules for Demand Guarantees; URDG) veröffentlicht. Dadurch wurde eine international vereinheitlichte Grundlage für die „Garantie auf erstes Anfordern" geschaffen[530]. Die „Garantie auf erstes Anfordern" besteht unabhängig von der garantierten Forderung und muss autonom, abstrakt und unbedingt sein. Hierbei kann der Begünstigte von dem Garanten (meist ein Kreditinstitut) Zahlung fordern ohne jede weitere Begründung und ohne Nachweis seiner Berechtigung. Es ist mithin kein Nachweis nötig, dass der Vertrag, dessen Erfüllung der Garant garantiert hatte, überhaupt abgeschlossen oder nicht ordnungsgemäß erfüllt worden ist.
3. „Unabhängige Garantie" aus CIGSLC
Der im internationalen Wirtschaftsverkehr vorherrschende Verpflichtungstyp der unabhängigen Bankgarantie als Sicherungsmittel hat in der UN-Konvention über unabhängige Garantien von 1995 (United Nations Convention on Independent Guarantees and Stand by Letters of Credit; CIGSLC) eine Kodifizierung gefunden.[531] Die Rechtsgrundlage für die „Unabhängige Garantie" findet sich in Art. 3 CIGSLC. Danach werden alle akzessorischen Institute ausgeschlossen und auf diese Weise die unter die Konvention fallenden Garantien negativ als abstrakt definiert. Der Begriff „Unabhängige Garantie" nach dem CIGSLC bedeutet, dass die Garantie unabhän-

[530] Horn, S. 122.
[531] Nach verschiedenen Überarbeitungen durch die UNCITRAL hat die Vollversammlung der UN am 11.12.1995 die CIGSLC verabschiedet.

gig vom Bestehen des zugrundeliegenden gesicherten Rechtsgeschäfts, dessen Wirksamkeit und den nicht in der Garantieerklärung selbst formulierten Bedingungen wirksam ist.[532]

4. Der Gläubiger vereinbart mit dem Sicherungsgeber im Kreditsicherungsvertrag, dass dieser weder die Einrede der Vorausklage noch sonstige Einreden oder Einwendungen des Hauptschuldners aus dem Hauptvertrag geltend machen kann.

bb. Anerkennung der „unabhängigen Kreditsicherung" auf Ebene des internationalen und nationalen Handelsverkehr

Die „unabhängige Kreditsicherung" ist in China nicht unbekannt. Im Jahr 1996 hat die chinesische Volksbank[533] nach Erlass des CKSG die „Methoden zur Verwaltung der Kreditsicherung inländischer Institute gegenüber ausländischen Einheiten"[534] erlassen. Nach Art. 2 dieser Methoden können inländische Banken in China durch Letters of Credit als unabhängige Bankgarantie Unternehmen im Ausland absichern. Die „Vorschriften der Durchsetzung für die Methoden der Verwaltung der Kreditsicherung inländischer Institute gegenüber ausländischen Einheiten"[535], die in 1997 vom Nationalen Verwaltungsamt für Fremdwährung[536] erlassen wurden, sind eine weitere Rechtsquelle der „unabhängigen Kreditsicherung". In Art. 7 dieser „Durchsetzungsregelungen„ heißt es: „falls der Kreditsicherungsvertrag mit der ausländischen Partei, etwas anderes vorsieht, gilt diese Vereinbarung". Zusammenfassend wird angenommen, dass die „unabhängige Kreditsicherung" auf der Ebene des internationalen Handelsverkehrs sowohl in der chinesischen Rechtswissenschaft als auch in

[532] Horn, S. 123.

[533] Chinesisch: 中国人民银行.

[534] 《境内机构对外担保管理办法》. Sie wurde am 25.09.1996 erlassen und trat am 01.10.1996 in Kraft.

[535] 《境内机构对外担保管理办法实施细则》. Sie wurde am 11.12.1997 erlassen und trat am 01.01.1998 in Kraft.

[536] Chinesisch: 国家外汇管理局.

der Rechtsprechung bereits anerkannt wird.[537]
Auf der Ebene des inländischen Handelsverkehrs wird die „unabhängige Kreditsicherung" allerdings in China vor allem in ständiger Rechtsprechung des Obersten Volksgerichts abgelehnt. Das Urteil[538] im Fall der Firmen „Hunan Ex-Import Maschinenbau" (湖南机械进出口公司), „Hainan Internationale Leasinggesellschaft" (海南国际租赁公司) und „Ningbo Dongfang Investitionsgesellschaft" (宁波东方投资公司), den das oberste Volksgericht am 31. Dezember 1999 entschieden hat, sagt: „Ein unabhängiger Kreditsicherungsvertrag kann nicht als Sicherungsmittel bei inländischen Verträgen dienen und ist deshalb unwirksam, obwohl die Vertragsparteien vereinbart haben, dass sich der Sicherungsgeber trotz der Nichtigkeit des Hauptvertrags (Geschäftsbesorgungsvertrag) nicht von seiner Sicherungshaftung befreien kann". Damit verfolgt das oberste Volksgericht das Ziel, die Möglichkeit des Missbrauchs der unabhängigen Kreditsicherung einzuschränken.
Insgesamt zeigt sich, dass die „unabhängige Kreditsicherung" als Sicherungsmittel beim internationalen Handelsverkehr und beim inländischen Wirtschaftsverkehr im chinesischen Kreditsicherungsrecht unterschiedlich behandelt wird. Dieser unterschiedliche Maßstab wird insbesondere durch die Rechtsprechung des obersten Volksgerichts wohl auch in Zukunft beibehalten werden[539].

cc. Vorschläge zum Aufbau eines Regelungssystems für die „unabhängige Kreditsicherung"

Nach dem Prinzip der Privatautonomie und entsprechend der heutigen Wirtschaftsentwicklung werden die folgenden Vorschläge zum Aufbau des Rechtssystems über die „unabhängige Kreditsicherung" diskutiert:

1. Die „unabhängige Kreditsicherung" soll nicht nur auf Ebene des in-

---

537 Cao, Shibing, S. 40; Zhu, Fan, S. 190; Bai, Yan, S. 28; He, Bo, S. 72.
538 Wirtschaftskammer des obersten Volksgerichts, Leitlinien für Wirtschaftssachen, Teil II, S. 298.
539 Vgl. Bai, Yan, S. 29.

ternationalen Wirtschaftsverkehrs, sondern auch auf Ebene des inländischen Wirtschaftsverkehrs gesetzlich anerkannt werden. Dazu soll sie ausdrücklich und effektiv im CKSG geregelt werden[540].

2. Die chinesische Volksbank soll nach den entsprechenden Regelungen der URDG und CIGSLC neue Verwaltungsordnungen über die „unabhängige Kreditsicherung" aufstellen[541].

China hat zwar am Entwurf und der Diskussion der Konvention der CIGSLC teilgenommen, ist ihr aber nicht beigetreten. Es wäre wünschenswert, dass die chinesische Regierung in Zukunft die Konvention der CIGSLC ratifiziert und ihr beitritt. Damit können einerseits der Rechtsrahmen und das Rechtssystem für die „unabhängige Kreditsicherung" vollständig aufgebaut werden, anderseits können die chinesischen Unternehmen im internationalen Wirtschaftsverkehr davon profitieren.

II. Subsidiarität

Die Bürgschaft ist subsidiär zur Hauptverbindlichkeit. Der Bürge haftet nur, wenn der Hauptschuldner seine Verpflichtung nicht erfüllt. Ausdruck des Subsidiaritätsprinzips der Bürgschaft ist die Einrede der Vorausklage[542]. Im chinesischen Bürgschaftsrecht unterscheidet sich der Grad der Subsidiarität bei der regulären Bürgschaft und der Solidarbürgschaft.

Die reguläre Bürgschaft ist die deutlichste Ausformung des Subsidiaritätsprinzips[543]. Dabei kann die Einrede der Vorausklage vom Bürgen geltend gemacht werden. Gemäß § 17 II CKSG kann er sich weigern, die Bürgschaftsverpflichtung zu erfüllen, bevor die Zwangsvollstreckung in das Vermögen des Hauptschuldners ohne Erfolg versucht worden ist.

Bei der Solidarbürgschaft kann der Bürge allerdings die Einrede der Vorausklage nicht geltend machen. Die Solidarbürgschaft ist keine subsidiäre

540 Vgl. He, Bo, S. 73; Zhu, Fan, S. 190.
541 Zhu, Fan, S. 190.
542 Chinesisch: 先诉抗辩权.
543 Cheng, Xiao, S. 222.

Verpflichtung. Daher kann der Gläubiger nach § 18 II CKSG sowohl gegenüber dem Hauptschuldner als auch gegenüber dem Solidarbürgen die Erfüllung der Verpflichtung beanspruchen, sobald der Hauptschuldner seine Verpflichtung innerhalb der Vertragsfrist nicht erfüllt.

1. Einrede der Vorausklage

Im Vergleich mit dem deutschen Recht zeigen sich bei der Einrede der Vorausklage im chinesischen Recht zwei besondere Eigenschaften.
Erstens kann der Bürge nur die Einrede der Vorausklage erheben, wenn die Vertragsparteien ausdrücklich einen regulären Bürgschaftsvertrag abgeschlossen haben; sonst wird der Bürgschaftsvertrag nach § 19 CKSG als eine Solidarbürgschaft angesehen und es steht folglich dem Bürgen die Einrede der Vorausklage nicht zu. Im deutschen Recht kann der Bürge die Einrede der Vorausklage in der Regel immer geltend machen; es sei denn, dass die Vertragsparteien einen Mitbürgschaftsvertrag vereinbart haben oder die Einrede der Vorausklage aus anderen Gründen ausgeschlossen wird. Somit wird der Bürgenschutz im chinesischen Recht weniger als im deutschen Recht in den Vordergrund gestellt.

2. Ausschluss der Einrede der Vorausklage

Die Einrede der Vorausklage kann nicht erhoben werden,

1. wenn der Bürge ausdrücklich auf sie verzichtet hat. Der Bürge muss nach § 17 III Nr. 3 CKSG die Schriftform wahren. Dadurch kann zwischen dem Gläubiger und dem Bürgen die Streitfrage vermieden werden, ob der Bürge auf das Recht verzichtet hat. Hier soll der Gläubiger die Beweislast tragen.
2. wenn gemäß § 17 III Nr. 1 CKSG (wie § 773 I Nr. 2 BGB) die Durchsetzung des Anspruchs gegen den Hauptschuldner aufgrund einer nach der Abschluss des Bürgschaftsvertrags eingetretenen Änderung des Wohnsitzes des Hauptschuldners wesentlich erschwert

ist.

3. wenn das Volksgericht nach § 17 III Nr. 2 CKSG den Insolvenzantrag des Hauptschuldners angenommen hat und zugleich die anderen zivilrechtlichen Vollstreckungsverfahren gegen den Hauptschuldner abgebrochen werden (ähnlich wie § 773 I Nr. 3 BGB).

Eine ähnliche Regelung wie § 773 I Nr. 4 BGB ist allerdings weder im CKSG noch im ACKSG vorhanden. Dies stellt eine offensichtliche Gesetzeslücke zum Nachteil des Gläubigers dar.

F. Rechtsbeziehung zwischen Bürgen und Hauptschuldner

Bei Fragen der Rechtsbeziehung zwischen Bürgen und Hauptschuldner steht im Vordergrund, welche wechselseitigen Ansprüche der Bürge und der Hauptschuldner haben. Je nach Rechtsverhältnis zwischen diesen beiden Parteien stehen dem Bürgen auch unterschiedliche Ansprüche gegen den Hauptschuldner zu. Das Rechtsverhältnis zwischen Hauptschuldner und Bürgen stellt in der Regel einen Geschäftsbesorgungsvertrag [544], eine Geschäftsführung ohne Auftrag oder einen Schenkungsvertrag[545] dar.

Beim Schenkungsvertrag steht dem Bürgen nach § 185 CVG grundsätzlich kein Anspruch gegen den Hauptschuldner zu.

Bei Geschäftsbesorgungsvertrag und Geschäftsführung ohne Auftrag kann der Bürge gegen den Hauptschuldner einen Ersatzanspruch[546] aus dem Innverhältnis, einen Rückgriffsanspruch im Voraus[547] und einen Anspruch aus gesetzlichem Forderungsübergang[548] geltend machen.

[544] Im chinesischen Vertragsrecht unterscheidet sich der Geschäftsbesorgungsvertrag in entgeltlichen und unentgeltlichen Geschäftsbesorgungsvertrag.

[545] Nach h.M. in China wird angenommen, dass zwischen Hauptschuldner und Bürgen ein Schenkungsvertrag abgeschlossen werden kann.

[546] Chinesisch: 求偿权.

[547] Chinesisch: 预先追偿权.

[548] Chinesisch: 代位权.

I. Der Ersatzanspruch des Bürgen gegen den Hauptschuldner aus dem Innenverhältnis

Beim Geschäftsbesorgungsvertrag kann der Bürge nach § 398 CVG gegen den Hauptschuldner einen Aufwendungsersatzanspruch haben, wenn er den Gläubiger befriedigt hat. Der Auftraggeber muss nach § 398 S. 1 CVG die Kosten der Erledigung des Auftrags im Voraus bezahlen. Zur Erledigung des Auftrags notwendige Aufwendungen, die der Auftragnehmer vorgeschossen hat, muss der Auftraggeber gemäß § 398 S. 2 CVG mit Zinsen erstatten.
Bei der Geschäftsführung ohne Auftrag steht dem Bürgen, der den Gläubiger befriedigt hat, gemäß § 93 AGZR ein Anspruch auf Ersatz notwendiger Aufwendungen gegen den Hauptschuldner zu.

II. Weitere Ansprüche

1. „Rückgriffsanspruch" des Bürgen gegen den Hauptschuldner im Voraus

In Bezug auf den Anspruch des Bürgen gegen den Hauptschuldner vor Befriedigung des Gläubigers hat der chinesische Gesetzgeber das französische[549] und japanische[550] Regelungsmodell aufgenommen. Dabei kann

[549] Nach § 2032 CC (französischer Code Civil) kann der Bürge in folgenden Fällen den Rückgriffsanspruch gegen den Hauptschuldner im voraus geltend machen: 1. wenn er auf Zahlung verklagt ist; 2. wenn der Hauptschuldner in Insolvenz oder Vermögensverfall geraten ist; 3. wenn der Hauptschuldner sich verpflichtet hat, innerhalb einer bestimmten Frist die Verbindlichkeit zu erfüllen; 4. wenn die Verbindlichkeit mit dem Ende der vereinbarten Vertragslaufzeit fällig geworden ist; 5. nach Ablauf von zehn Jahren, wenn die Fälligkeit der Hauptverbindlichkeit nicht bestimmt war, es sei denn, die Hauptverbindlichkeit kann, wie etwa eine Vormundschaft, ihrer Natur nach nicht vor einer bestimmten Zeit enden. Übersetzung vom Max-Planck-Institut für ausländisches und internationales Privatrecht in Hamburg.

[550] Nach § 460 JZGB (japanisches Zivilgesetzbuch) kann der Bürge, der sich im

der Bürge gegenüber dem Hauptschuldner den Anspruch auf Befreiung von seiner Bürgschaftshaftung, wie nach § 775 BGB, nicht geltend machen, sondern es steht ihm vielmehr ein Rückgriffsanspruch zu, den der Bürge gegen den Hauptschuldner im Voraus geltend machen kann. Im chinesischen Bürgschaftsrecht kann dieser Rückgriffsanspruch nur im Falle der Insolvenz des Hauptschuldners erhoben werden. Der Bürge kann gemäß § 32 CKSG an der Vermögensverteilung im Insolvenzverfahren des Hauptschuldners beteiligt werden und den Rückgriffsanspruch gegen den Hauptschuldner im Voraus erheben, wenn der Gläubiger nach Annahme des Insolvenzantrags des Hauptschuldners durch das Volksgericht seine Forderung nicht angemeldet hat. Bei der Insolvenz des Hauptschuldners könnte es vorkommen, dass der Gläubiger auf seine Forderung gegen den Hauptschuldner verzichtet und die Forderung nicht beim Volksgericht anmelden will, weil er aus der Leistung des Bürgen befriedigt werden kann.[551] Dadurch würde der Bürge seinen Anspruch gegen den Hauptschuldner nach Befriedigung des Gläubigers verlieren. Um diese Möglichkeit der Benachteiligung des Bürgen zu vermeiden, ist eine Mitteilungspflicht des Gläubigers gesetzlich vorgeschrieben. So kann der Bürge sich nach § 45 ACKSG von seiner Bürgschaftshaftung befreien, wenn der Gläubiger weder seine Forderung beim Volksgericht angemeldet hat noch dem Bürgen Mitteilung gemacht hat, nachdem er die Insolvenz des Hauptschuldners erkannt hat oder hätte erkennen müssen.

Auftrag des Hauptschuldners verbürgt, in folgenden Fällen den Rückgriffsanspruch gegen den Hauptschuldner vorzeitig geltend machen: 1. wenn über das Vermögen des Hauptschuldners das Insolvenzverfahren eröffnet worden ist und der Gläubiger an der Verteilung der Insolvenzmasse nicht teilnimmt; 2. wenn die Hauptforderung fällig ist, sofern dem Bürgen nicht eine Stundung, die der Gläubiger dem Hauptschuldner nach Abschluss des Bürgschaftsvertrags gewährt hat, entgegengehalten werden kann; 3. wenn in dem Fall, in denen für die Hauptforderung weder die Leistungszeit bestimmt noch eine Höchstlaufzeit feststellbar ist, seit Abschluss des Bürgschaftsvertrags zehn Jahre verstrichen sind. Übersetzung vom Max-Planck-Institut für ausländisches und internationales Privatrecht in Hamburg.

[551] Zhu, Fan, S. 126.

Aus rechtsvergleichender Sicht kann man davon ausgehen, dass die Regelung über den Anspruch auf Befreiung von der Bürgschaftshaftung nach § 775 BGB im deutschen Rechtssystem und die Bestimmung über den Rückgriffsanspruch des Bürgen gegen den Hauptschuldner im Voraus nach § 32 CKSG im chinesischen Rechtssystem das gleiche Ziel und die gleiche Funktion haben.[552] Beide sind lediglich unterschiedliche Gestaltungsvarianten aus verschiedenen Bürgschaftsrechtssystemen und dienen dem Schutz des Bürgen. Im chinesischen Bürgschaftsrecht sind allerdings die Voraussetzungen für die Geltendmachung des Rückgriffsanspruchs des Bürgen gegen den Hauptschuldner im Voraus extrem hoch. Dabei kann der Bürge diesen Rückgriffsanspruch nur geltend machen, wenn der Hauptschuldner Insolvenz anmeldet und der Gläubiger seine Forderung nicht angemeldet hat. Ähnliche Bestimmungen wie § 775 I Nr. 1, 2 BGB sollten auch im Bürgschaftsrecht Chinas berücksichtigt werden.

2. Regressansprüche des Bürgen gegen den Hauptschuldner nach Befriedigung des Gläubigers

In der chinesischen Rechtslehre ist bereits anerkannt, dass die Regressansprüche des Bürgen gegen den Hauptschuldner nach Befriedigung des Gläubigers einen Ersatzanspruch aus dem Innenverhältnis und einen Anspruch aus gesetzlichem Forderungsübergang beinhalten.[553] Allerdings findet eine Vorschrift wie § 774 I BGB über den Anspruch aus dem gesetzlichen Forderungsübergang keine ausdrückliche Entsprechung im chinesischen Kreditsicherungsgesetz. Stattdessen heißt es in § 31 CKSG und § 89 Nr. 1 S. 2 AGZR: „Nachdem der Bürge die Hauptverbindlichkeit erfüllt hat, ist er berechtigt, vom Hauptschuldner Ausgleich zu verlangen“. Tatsächlich ist dieser „Ausgleichsanspruch“[554] nach CKSG mit

[552] Vgl. Zhu, Fan, S. 127.
[553] Cheng, Xiao, S. 258; Kong, Xiangjun, S. 211.
[554] Über die Rechtsnatur dieses „Ausgleichsanspruchs“ gemäß § 31 CKSG wird in der Rechtslehre Chinas intensiv diskutiert. Eine Ansicht nimmt an, dass dieser

dem Regressanspruch nach BGB in Bedeutung und Funktion vergleichbar[555].

G. Beendigung der Bürgschaft

Der Zeitpunkt der Beendigung des Bürgschaftsvertrags ist für den Gläubiger von Bedeutung. Das Erlöschen der Bürgschaft führt dazu, dass die Rückzahlung der Hauptverbindlichkeit, sofern sie noch fortbesteht, nicht mehr oder, bei Vorhandensein weiterer Sicherheiten (z. B. Hypothek, Pfandrecht), nicht mehr in demselben Maße abgesichert ist.
Es gibt unterschiedliche Gründe für die Beendigung der Bürgschaftshaftung: Zum einen erlischt die Bürgschaft als akzessorische Sicherungsschuld mit dem Erlöschen der Hauptverbindlichkeit. Zum anderen wird die Bürgschaft - unabhängig von der Hauptschuld - aus den Gründen, die nach § 91 CVG im Allgemeinen zum Erlöschen eines Schuldverhältnisses führen, oder aus sonstigen Gründen beendet.

I. Beendigung der Bürgschaft abhängig von Hauptschuld

1. Erlöschen der Hauptschuld

Nach dem Grundprinzip der Akzessorietät bringt das Erlöschen der Hauptschuld grundsätzlich auch die Bürgschaft zum Erlöschen.
Nach § 91 CVG kann ein Schuldverhältnis durch Erfüllung (§ 91 Nr. 1 CVG), „Vertragsauflösung"[556] (§ 91 Nr. 2 CVG), Aufrechnung (§ 91 Nr. 3 CVG), Hinterlegung (§ 91 Nr. 4 CVG), Schulderlass (§ 91 Nr. 5 CVG)

„Ausgleichsanspruch" nur ein Aufwendungsersatzanspruch ist, Liu, Baoyu/Lü, Wenjiang, S. 172; Ye, Jinqiang, S. 72 ff.; Zhu, Fan, S. 122. Eine weitere Ansicht geht davon aus, dass der „Ausgleichsanspruch" lediglich den Anspruch aus dem gesetzlichen Forderungsübergang enthält, Quanguo renda changweihui fazhi gongzuo weiyuanhui minfashi, S. 42.

555 Kong, Xiangjun, S. 211; Cheng, Xiao, S. 258.

556 Chinesisch: 合同解除.

oder Konfusion (§ 91 Nr. 6 CVG) beendet werden.

a. Erfüllung

Die Erfüllung der Hauptschuld führt zum Erlöschen der Bürgschaft.
Nach § 91 Nr. 1 CVG erlischt das Schuldverhältnis, wenn der Schuldner seine Verpflichtung vertragsgemäß erfüllt hat. Die rechtswirksame Erfüllung setzt gemäß § 60 CVG voraus, dass die Vertragsparteien nicht nur ihre Hauptpflichten in vollem Umfang erfüllt haben, sondern auch unter Wahrung von Treu und Glauben aufgrund der Natur und der Ziele des Vertrags und nach der Verkehrssitte die Mitteilungs-, Kooperations-, Geheimhaltungs- und andere Pflichten beachtet haben.
Ein Unterschied zum deutschen Bürgerlichen Gesetzbuch zeigt sich darin, dass die beiden besonderen Erfüllungsbestimmungen über die Leistung an Erfüllungs statt (§ 364 I BGB) und Leistung erfüllungshalber (§ 364 II BGB), im chinesischen Vertragsgesetz später beseitigt wurden, obwohl sie zunächst auch in China in den Juristen-Entwürfen eingebracht wurden.[557] Denn die beiden Erfüllungsbestimmungen hätten dem Schuldner zu viele Möglichkeiten zur Vertragserfüllung eingeräumt, und außerdem wäre der Gläubiger dem Risiko ausgesetzt, einen anderen als den vereinbarten Wertersatz zu erhalten, wenn diese Bestimmungen in das chinesische Recht übernommen würden.[558] Dies bedeutet einen Zuwachs an Umständlichkeiten und führt weiterhin zu Kosten[559].

b. „Vertragsauflösung“

Es ist notwendig, den Begriff der in § 91 Nr. 2 CVG genannten „Vertragsauflösung“ zu erklären, da sie für das deutsche Recht fremd ist. Das

---

557 Shi, Ping, S. 89.
558 Shi, Ping, S. 89.
559 Emmerich/Walter, S. 716 ff.

Recht der „Vertragsauflösung“ ist ein Gestaltungsrecht[560], und der Vertrag wird nach § 96 I S. 2 CVG mit Zugang der Auflösungserklärung aufgelöst. Die „Vertragsauflösung“ ist kein Erfüllungssurrogat, dadurch wird vielmehr der Vertrag beendet.[561] Hat die Vertragspartei den Vertag nicht erfüllt, erlischt dabei ihre Verpflichtung und sie braucht nicht weiter zu leisten; wenn sie ihre Verpflichtung bereits erfüllt hat, entsteht ein Rückabwicklungsschuldverhältnis.[562] Der Begriff der „Vertragsauflösung“ erfasst nach deutscher Rechtsdogmatik verschiedene voneinander unabhängige Kategorien von Beendigungstatbeständen [563]. Mögliche Erscheinungsformen sind Kündigungsrecht, rücktrittsähnliches Recht und Aufhebung des Vertrags.[564] Nach der Auffassung der chinesischen herrschenden Rechtslehre führt die „Vertragsauflösung“ zwar zur Beendigung des Schuldverhältnisses, jedoch kann sie die Ansprüche der einen Vertragspartei aufgrund der Vertragsverletzung durch die andere Partei nicht beeinflussen.[565] Solche Ansprüche umfassen gemäß § 97 CVG den Anspruch auf die Wiederherstellung des ursprünglichen Vertragszustands, den Anspruch auf Ergreifen anderer vertraglicher Abhilfemaßnahmen und Anspruch auf Schadensersatz.

Nach dem chinesischen Vertragsgesetz besteht bei der „Vertragsauflösung“ ein Unterschied zwischen der einvernehmlichen Vertragsauflösung und der gesetzlichen Vertragsauflösung.

Unter einvernehmlicher Vertragsauflösung versteht man, dass die Vertragsparteien gemäß § 93 I CVG sich unmittelbar einigen können, den Vertag aufzulösen. Sie können nach § 93 II CVG auch die Voraussetzungen für die Vertragsauflösung vereinbaren. Treten solche Voraussetzun-

---

[560] Bu, Yuanshi, S. 115.
[561] Hu, Kangsheng, S. 147 f.
[562] Bu, Yuanshi, S. 115.
[563] Vgl. Scheil/Gargulla/Schröder/Riemenschneider, S. 44; Riemenschneider, S. 169 f.
[564] Han, Shiyuan, S. 590 f.
[565] Wang, Liming, S. 305; Han, Shiyuan, S. 627; Cheng, Xiao, S. 330.

gen dann ein, können sie den Vertrag auflösen.

Nach § 94 CVG kann eine Vertragspartei den Vertrag aufgrund Gesetzes auflösen:

1. wenn sich das Vertragsziel wegen höherer Gewalt nicht verwirklichen lässt;
2. wenn die andere Vertragspartei vor Ablauf der Erfüllungsfrist eindeutig erklärt oder konkludent zum Ausdruck bringt, dass sie ihre Hauptverpflichtung nicht erfüllen wird;
3. wenn die andere Vertragspartei mit der Erfüllung der Hauptverpflichtung im Verzug ist und auch nach Mahnung nicht innerhalb einer angemessenen Frist erfüllt;
4. wenn der Verzug der anderen Partei bei Erfüllung der Hauptverpflichtung oder andere Vertragsverletzungen dazu führen, dass das Vertragsziel nicht erreicht werden kann;
5. wenn andere vom Gesetz bestimmte Umstände vorliegen.

Es ist unproblematisch, dass die „Vertragsauflösung“ der Hauptverbindlichkeit die Bürgschaft zum Erlöschen bringt, wenn dem Hauptschuldner das Recht zur „Vertragsauflösung“ zusteht.

Wenn andererseits der Gläubiger zur Vertragsauflösung berechtigt ist, erlischt die Bürgschaftshaftung nach § 10 S. 1 ACKSG durch die „Vertragsauflösung“ der Hauptverbindlichkeit allerdings nicht; es sei denn, dass die Vertragsparteien anderes im Bürgschaftsvertrag vereinbart haben (§ 10 S. 2 ACKSG). Dies bedeutet, dass der Bürge trotz der Auflösung der Hauptschuld für den Anspruch auf Schadensersatz[566] und den Anspruch auf die Wiederherstellung des ursprünglichen Vertragszustands[567] einstehen muss.

---

[566] Shi, Shangkuan, S. 902.
[567] Han, Shiyuan, S. 625.

c. Aufrechnung

Die Aufrechnung bringt sowohl Hauptschuld als auch Bürgenschuld zum Erlöschen.

Hinsichtlich der Aufrechnungsregelungen folgen der deutsche und der chinesische Gesetzgeber im Wesentlichen einem gleichen Ansatz[568]. Für eine Aufrechnung ist zunächst nach § 99 I 1. Halbsatz CVG erforderlich, dass sich zwei fällige und aufrechenbare Hauptforderungen wechselseitig gegenüberstehen. Die Hauptforderungen sollen grundsätzlich gleichartig sein. Bei fehlender Gleichartigkeit können die Hauptforderungen gemäß § 100 CVG ebenfalls aufgerechnet werden, wenn die Vertragsparteien dies so vereinbart haben. Der Eintritt der Wirkung der Aufrechnung setzt zunächst voraus, dass die Aufrechnungserklärung gegenüber dem Aufrechnungsgegner zugegangen ist.[569] Eine wirksame Aufrechnung setzt weiter voraus, dass sie nach gesetzlichen Bestimmungen oder nach dem Wesen des Vertrags nicht ausgeschlossen ist (§ 99 I 2. Halbsatz CVG).

Nach § 99 II CVG darf die Aufrechnung weder bedingt noch befristet sein.

d. Hinterlegung

Durch die Hinterlegung der Hauptverbindlichkeit kann die Bürgschaft erlöschen. Bei vergleichendem Blick in die Regelung der Hinterlegung stimmen das deutsche und chinesische Gesetz in Bezug auf den Hinterlegungsgrund überein[570].

Nach dem deutschen Schuldrecht setzt die Hinterlegung einen in der Person des Gläubigers liegenden Grund voraus, insbesondere den Annahmeverzug durch den Gläubiger. Ist der Gläubiger im Verzug der Annahme,

568 Shi, Ping, S. 90.
569 Bu, Yuanshi, S. 115.
570 Shi, Ping, S. 93.

kann der Schuldner nach § 372 S. 1 BGB den geschuldeten Gegenstand bei einer öffentlichen Stelle hinterlegen.
Im chinesischen Recht kann der Schuldner gemäß § 101 I CVG den geschuldeten Gegenstand hinterlegen:

1. wenn der Gläubiger ohne sachlichen Grund die Annahme der ihm geschuldeten Leistung ablehnt;
2. wenn der Verbleib des Gläubigers unklar ist;
3. wenn Ungewissheit über die Person des gesetzlichen Erben beim Tod des ursprünglichen Gläubigers oder über die Person des Betreuers bei Geschäftsunfähigkeit des Gläubigers besteht;
4. wenn andere vom Gesetz bestimmte Umstände vorliegen.

e. Schulderlass

Der Schulderlass ist eine weitere der in § 91 CVG aufgezählten Erlöschensmöglichkeiten von Hauptverbindlichkeiten. Die Bürgschaft erlischt auch durch den Erlass der Hauptschuld.
Unter Schulderlass versteht man, dass der Gläubiger gemäß § 105 CVG ganz oder teilweise auf seine Forderungen gegen den Schuldner verzichten kann. Dadurch endet das Schuldverhältnis zwischen beiden Parteien ganz oder teilweise.
Nach § 397 BGB ist ein Erlassvertrag zum Erlöschen eines Schuldverhältnisses erforderlich, damit benötigt man das Einverständnis des Schuldners. Im Vergleich zum BGB ist das Einverständnis des Schuldners für den Schulderlass, der nach Ansicht des chinesischen Gesetzgebers ein einseitiges Rechtsgeschäft sein soll, nicht erforderlich.[571] Diese Auffassung nimmt an, dass die Interessen des Schuldners durch den Schulderlass nicht beeinträchtigt werden können, da der Schulderlass für ihn eine Schuldbefreiung bedeutet.[572]

---

[571] Shi, Ping, S. 95.
[572] Shi, Ping, S. 95 f.

f. Konfusion

Im BGB ist die Konfusion nicht ausdrücklich geregelt. Sie wird allerdings in vielen Vorschriften als selbstverständlicher Grundsatz vorausgesetzt. Im chinesischen Vertragsgesetz wird die Konfusion eindeutig definiert. Gemäß § 106 CVG ist Konfusion das Zusammenfallen von Forderung und Schuld in ein und derselben Person. Danach erlischt die Forderung, da es nicht möglich ist, sein eigener Schuldner und Gläubiger zugleich zu sein. Die Forderung erlischt aber dann nicht, wenn Interessen eines Dritten durch die Konfusion berührt werden. Die Konfusion der Hauptverbindlichkeit führt auch zur Beendigung der Bürgschaft.

2. Vertragsänderung der Hauptschuld

Anders als nach dem deutschen BGB, das keine spezielle Regelung über die Vertragsänderung enthält, können die Vertragsparteien nach § 77 I CVG grundsätzlich den Vertrag übereinstimmend frei ändern, es sei denn, dass dafür eine Genehmigung, eine Registrierung oder eine andere Formalität nach Gesetz oder Verwaltungsordnung erforderlich ist[573]. Ein Vertrag wird durch die Vertragsänderung nicht beendet. Von der Vertragsänderung bleiben die übrigen vertraglichen Rechte und Verbindlichkeiten unberührt. Die Vertragsänderung bewirkt grundsätzlich keine Rückabwicklung der Verpflichtung[574], die vor der Vertragsänderung bereits erfüllt wird; die noch nicht geleistete Verpflichtung muss gemäß der neuen Vertragsvereinbarung erfüllt werden.

Wenn sich die Vertragspartner auf die Beendigung der Hauptverbindlichkeit einigen, dann kann es sich nur um eine Vertragsänderung im Sinne des § 77 CVG oder um eine einvernehmliche Vertragsauflösung im Sinne des § 93 CVG handeln. Beide Arten der Beendigung der Hauptverbind-

573 § 77 II CVG.

574 Wang, Liming/Cui, Jianyuan, S. 406.

lichkeit haben unterschiedliche Rechtsfolgen. Falls sich die Vertragsparteien nicht durch eindeutige Regelung auf die Art des Vertrags geeinigt haben, ist diese durch Vertragsauslegung gemäß § 125 CVG zu eruieren.[575] In § 125 CVG wird bei der Ermittlung des Parteiwillens durch Auslegung in erster Linie der Wortlaut des Vertrags betrachtet. Demnach ist der Vertrag insbesondere unter Berücksichtigung der Differenz zwischen Vertragsänderung und einvernehmlicher Vertragsauflösung auszugestalten[576].

Bei der Regelung der Frage, ob die Vertragsänderung der Hauptverbindlichkeit zum Erlöschen der Bürgschaftshaftung führt, hat der chinesische Gesetzgeber zunächst die entsprechende Regelung des russischen Zivilgesetzbuchs (§ 367 I RZGB) übernommen (§ 24 S. 1 CKSG).[577] Danach soll der Bürge der Änderung des Hauptvertrags zwischen Gläubiger und Hauptschuldner schriftlich zustimmen; ohne schriftliche Zustimmung des Bürgen erlischt die Bürgschaftshaftung. Wenn die Vertragsparteien der Bürgschaft im Vertrag anderes vereinbart haben, gilt gemäß § 24 S. 2 CKSG diese Vereinbarung. Die Vorschrift hat zwar das Ziel des Bürgenschutzes verwirklicht, legt jedoch die Benachteiligung des Interesses des Gläubigers zugrunde. Die in der Folge und nach intensiver Diskussion erlassene Auslegung des chinesischen obersten Volksgerichts zum CKSG hat deshalb den Regelungsmängeln dieser Vorschrift abgeholfen. Damit ist das Gleichgewicht zwischen Interessen des Gläubigers und Interessen des Bürgen wiederhergestellt[578]. Die entsprechende Bestimmung findet sich in § 30 ACKSG. Danach soll der Bürge nach der Vertragsänderung der Hauptverbindlichkeit seine Haftung weiter tragen, wenn diese Vertragsänderung die Bürgschaftshaftung erleichtert hat; die Bürgschaftshaftung beschränkt sich auf den Umfang der ursprünglichen Hauptver-

[575] Riemenschneider, S. 171.
[576] Riemenschneider, S. 171.
[577] Zhu, Fan, S. 132; vgl. Cheng, Xiao, S. 338.
[578] Zhu, Fan, S. 132.

bindlichkeit. Dies setzt voraus, dass der Gläubiger und der Hauptschuldner ohne Zustimmung des Bürgen im Rahmen der Vertragsänderung über die Summe, den Preis, die Währung oder den Zinssatz der Hauptverbindlichkeit neu vereinbart haben. Nach der Ansicht des chinesischen obersten Volksgerichts stellen die vertraglichen Änderungen der Summe, des Preises, der Währung und des Zinssatzes der Hauptverbindlichkeit, die in § 30 I ACKSG erwähnt werden, keine essentiellen Änderungen des Vertrags dar und führen nicht zur Beendigung der Haftung aus der Bürgschaft.[579] Bei anderen unwesentlichen Vertragsänderungen ist auch § 30 I ACKSG anzuwenden. Die wesentlichen Vertragsänderungen der Hauptschuld bringen die Bürgschaft zum Erlöschen und § 24 CKSG zur Anwendung[580].

II. Beendigung der Bürgschaft unabhängig von der Hauptschuld

Als ein selbstständiges Schuldverhältnis kann der Bürgschaftsvertrag auch mit Erfüllung (§ 91 Nr. 1 CVG), durch bestimmte Erfüllungssurrogate, wie z. B. die Aufrechnung (§ 91 Nr. 3 CVG), die Hinterlegung (§ 91 Nr. 4 CVG), „Vertragsauflösung" (§ 91 Nr. 2 CVG), den Schulderlass (§ 91 Nr. 5 CVG) oder die Konfusion (§ 91 Nr. 6 CVG) beendet werden.

III. Sonstige Erlöschensgründe (Zeitablauf)

Die Haftung der Bürgschaft ist befristet, und der Bürge braucht seine Verpflichtung nach Ablauf der Frist nicht zu erfüllen.[581]
Die Bürgschaftsfrist[582] wird in der Regel durch die Vertragsparteien vereinbart. Die Frist der Bürgschaft beginnt, sobald der Gläubiger den Bürgen in Anspruch nimmt. Die gesetzliche Regelung zur Bürgschaftsfrist

---

579 Cheng, Xiao, S. 342.
580 Cheng, Xiao, S. 342.
581 Zheng, Xianhua, S. 333.
582 Chinesisch: 保证期间.

beruht auf dem Gedanken des Bürgenschutzes und beschränkt die Ausübung des Rechts des Gläubigers[583]. Der Bürge wird von seiner Bürgschaftspflicht befreit, wenn er nicht bis zum Ablauf der Bürgschaftsfrist vom Gläubiger in Anspruch genommen worden ist. Dadurch soll ein für den Bürgen unsicherer Rechtszustand über einen längeren Zeitraum verhindert werden[584]. In CKSG unterscheiden sich die Regelungen über das Erlöschen der Bürgschaft bei der regulären Bürgschaft und der Solidarbürgschaft. Nach § 25 II CKSG erlischt die reguläre Bürgschaft, wenn der Gläubiger nicht innerhalb der Bürgschaftsfrist die Klage gegen den Hauptschuldner erhoben oder ein Schiedsurteil beantragt hat. Die Solidarbürgschaftshaftung endet gemäß § 26 II CKSG, wenn der Gläubiger nicht innerhalb der Bürgschaftsfrist den Bürgschaftsanspruch gegen den Bürgen geltend gemacht hat.

Falls zur Bürgschaftsfrist nichts im Bürgschaftsvertrag geregelt wird, gelten die gesetzlichen Bestimmungen. Bei der regulären Bürgschaft endet die Bürgschaftsfrist gemäß § 25 I CKSG sechs Monate nach Ablauf der Erfüllungsfrist der Hauptverbindlichkeit. Bei der Solidarbürgschaft kann der Gläubiger nach § 26 I CKSG innerhalb von sechs Monaten nach Ablauf der Erfüllungsfrist der Hauptverbindlichkeit vom Bürgen verlangen, die Bürgschaftspflicht zu erfüllen.

Eine Bürgschaftsfrist, für die die Parteien des Bürgschaftsvertrags keine bestimmte Zeit oder kein bestimmtes Ereignis vereinbart haben, ist nach dem chinesischen Kreditsicherungsrecht nicht zulässig. Bei solchen Vereinbarungen gilt nach § 32 II ACKG die Bürgschaftsfrist zwei Jahre nach Ablauf der Erfüllungsfrist der Hauptverbindlichkeit zwingend als abgelaufen.

583 Li, Mingfa, S. 109.

584 Bu, Yuanshi, S. 120.

H. Zusammenfassung

Das Bürgschaftsrecht ist im 2. Kapitel des chinesischen Kreditsicherungsgesetzes vom 30. Juni 1995 geregelt. Die zivilgesetzlichen Regelungen des Bürgschaftsrechts zeigen das Ergebnis der Rechts- und Wirtschaftsentwicklung nach der Wirtschaftsreform von 1978. Sie haben zugleich zur Fortentwicklung der Wirtschaft und dem Aufbau des chinesischen Zivilrechtssystems beigetragen.

Als Sicherungsmittel hat die Bürgschaft zwei Merkmale. Das wichtigste ist die Akzessorietät, zentral geregelt in § 5 I S. 1 CKSG. Danach ist die Bürgschaft in Bestand, Umfang und Durchsetzbarkeit von der Hauptverbindlichkeit abhängig. Ein weiteres Charakteristikum ist, dass die Bürgschaft subsidiär zur Hauptverbindlichkeit ist und der Bürge nach § 17 II CKSG die Einrede der Vorausklage geltend machen kann.

Als Vertrag entspricht die Bürgschaft dem Grundprinzip der Privatautonomie. Die Vertragsparteien können nicht nur im Rahmen des Akzessorietätsprinzips einen Bürgschaftsvertrag nach ihren freien Willen abschließen, sie können auch ohne Rücksicht auf den Grundsatz der Akzessorietät einen unabhängigen Bürgschaftsvertrag vereinbaren. Allerdings beschränkt sich die Verwendung des Begriffs des unabhängigen Bürgschaftsvertrags auf den Bereich des internationalen Wirtschaftsverkehrs. Die Privatautonomie kann durch Gesetze, Verwaltungsvorschriften und öffentliche Interessen begrenzt (§ 7 CVG).

Nach der Vorstellung des chinesischen Gesetzgebers ist Leitprinzip des Bürgschaftsrechts, dass in erster Linie Geschäftssicherheit und die Erfüllung des Schuldverhältnisses gewährleistet werden sollen.[585] Wenn man annimmt, dass das Bürgschaftsrecht im BGB ein bürgenschutzorientiertes Rechtssystem ist, kann man umgekehrt sagen, dass sich die Regelung über Bürgschaft im chinesischen Kreditsicherungsrecht am Gläubiger-

---

[585] Vgl. Cao, Shibing, S.4.

schutz orientiert[586].

Das Leitbild des Gläubigerschutzes wird zunächst durch die Beschränkung der „Qualifikation“ des Bürgen repräsentiert. Danach können Rechtssubjekte, die insbesondere das öffentliche Interesse vertreten (Staatsbehörde, öffentliche Institutionseinheit, gesellschaftliche Körperschaft, etc.), nicht für die Verbindlichkeit eines anderen einstehen. Die Diskussion über die „Begleichungsfähigkeit“ des Bürgen in der chinesischen Rechtslehre soll ebenfalls den Schutz des Gläubigers erzielen.

Ein weiterer Ausdruck des Gläubigerschutzes ist § 19 CKSG, wonach der Bürge eine Solidarbürgschaftshaftung übernehmen soll und dadurch die Einrede der Vorausklage verliert, falls er mit dem Gläubiger über die Art der Bürgschaft (reguläre Bürgschaft oder Solidarbürgschaft) noch nichts vereinbart hat.

---

586 Auch Cao, Shibing, S. 8.

Vierter Teil: Einzelne Probleme des CKSG und Lösungsansätze aus vergleichender Sicht

A. Zusammentreffen von Bürgschaft und Realsicherheiten

Um die Forderung des Gläubigers besser zu sichern, wird der Hauptschuldner (oder ein Dritter) dem Gläubiger in der Wirtschaftspraxis häufig verschiedene Sicherheiten bestellen. Daraus ergibt sich das Problem der Konkurrenz der Sicherungsrechte.

I. Chinesisches Recht

Der Fall, dass die Bürgschaft mit einer Realsicherheit (z. B. Hypothek, Pfandrecht) zusammentrifft, wird in China, insbesondere nach Erlass des neuen chinesischen Sachenrechtsgesetzes, intensiv diskutiert.

1. Gesetzliche Regelungen

Zu nennen sind in diesem Zusammenhang drei wichtige Vorschriften.
Nach § 28 I CKSG haftet der Bürge nur für die Forderung außerhalb der Realsicherheit, wenn die Forderung sowohl mit einer Bürgschaft als auch mit einer Realsicherheit gesichert wird. Wenn der Gläubiger auf die dingliche Sicherheit verzichtet, ist der Bürge nach § 28 II CKSG im Bereich des Verzichts von der Bürgschaftshaftung befreit. In § 28 II CKSG wird allerdings nicht danach unterschieden, ob das Sicherungsgut vom Hauptschuldner oder von einem Dritten gewährt wird. Im später erlassenen neuen Sachenrechtsgesetz wird dies anderes geregelt. Hat der Hauptschuldner nach § 194 II SaG eine Hypothek an eigenem Vermögen bestellt, und verzichtet der Hypothekar (Gläubiger) auf die Hypothek, so werden andere Sicherungsgeber (hier Bürgen) in dem Umfang, in dem der Hypothekar das Recht auf bevorzugte Befriedigung verliert, von ihrer Haftung aus der Sicherheit frei. Die Regelung über den Verzicht auf das

Pfandrecht durch den Gläubiger ergibt sich aus § 218 SaG. Hat der Hauptschuldner danach eigenes Vermögen verpfändet, und verzichtet der Pfandrechtsinhaber (Gläubiger) auf das Pfandrecht, so werden andere Sicherungsgeber (hier Bürge) insoweit von der Haftung befreit, als der Pfandrechtsinhaber das Recht auf bevorzugte Befriedigung verliert. Daher kann man davon ausgehen, dass der Anwendungsbereich von §§194 II, 218 SaG enger als § 28 II CKSG ist. Wo das Kreditsicherungsgesetz mit dem Sachenrechtsgesetz nicht übereinstimmt, gilt gemäß § 178 SaG das Sachenrechtsgesetz. Deshalb sind §§ 194 II, 218 SaG anzuwenden.
Eine weitere gesetzliche Regelung ist § 176 S. 1 SaG: Wenn die Forderung des Gläubigers dinglich und durch eine Bürgschaft gesichert ist und der Hauptschuldner die fällige Schuld nicht erfüllt, oder von den Parteien vertraglich vereinbarte Voraussetzungen für die Realisierung des Sicherungsrechts eintreten, muss der Gläubiger nach § 176 S. 1 Halbsatz 1 SaG die Forderung wie vertraglich vereinbart realisieren. Ist vertraglich nichts oder nichts klar vereinbart, und stellt der Hauptschuldner selbst eine Sache als Sicherheit, so muss der Gläubiger gemäß § 176 S. 1 Halbsatz 2 SaG vorweg aus dieser dinglichen Sicherheit Befriedigung suchen. Stellt ein Dritter eine Sache als Sicherheit, so kann der Gläubiger nach § 176 S. 1 Halbsatz 3 SaG sowohl aus dieser dinglichen Sicherheit als auch aus der Bürgschaft die Forderung realisieren.
Zuletzt kann der Sicherungsgeber nach § 38 I S. 2 ACKSG gegen den anderen Sicherungsgeber einen Regressanspruch geltend machen, soweit er den Gläubiger befriedigt hat.

2. Grundsatz und Folgeproblem

Zusammenfassend zeigt sich, dass das Problem der Konkurrenz der Bürgschaft mit Realsicherheiten in zwei verschiedenen Konstellationen unterschiedlich gelöst werden soll:

1. Wird die Forderung des Gläubigers durch eine Bürgschaft und eine

Realsicherheit, die der Hauptschuldner dem Gläubiger bestellt, gesichert, so muss der Gläubiger Befriedigung zuerst aus dieser dinglichen Sicherheit suchen. Falls er nicht voll befriedigt wird, darf er den Bürgen in Anspruch nehmen. Hier hat der Bürge eine privilegierte Stellung.

2. Bestellt ein Dritter dem Gläubiger eine dingliche Sicherheit, so kann der Gläubiger selbst wählen, aus welcher Sicherheit er befriedigt wird. Der Bürge wird hier nicht bevorzugt behandelt und ist den anderen Sicherungsgebern gleichgestellt.

Nach § 38 I S. 2 ACKSG gehen die dinglichen Sicherheiten nicht von Gesetzes wegen auf den Bürgen über, soweit er den Gläubiger befriedigt hat. Ihm steht lediglich ein schuldrechtlicher Anspruch (Regressanspruch) gegen die dinglichen Sicherungsgeber zu. Dies hat zur Folge, dass der Bürge trotz der formalen Gleichstellung eine rechtliche Benachteiligung erfährt, da er nach Befriedigung des Gläubigers einen dinglichen Anspruch hätte geltend machen können, stattdessen aber hier auf einen nur schuldrechtlichen Anspruch verwiesen wird.

II. Deutsches Recht

1. Grundsatz

Wenn mehrere Personen die Bürgschaft für eine Verbindlichkeit übernommen haben, wird ein Mitbürgschaftsverhältnis im Sinne des § 769 BGB begründet, wonach sie als Gesamtschuldner haften. Für den in der Rechtspraxis oft vorkommenden Fall, dass die Hauptschuld noch durch ein andersartiges Sicherungsrecht neben der Bürgschaft gesichert wird, findet sich, anderes als im chinesischen Recht, im BGB allerdings keine entsprechende Regelung.

Nach dem Gleichheitsprinzip sind alle Sicherungsgeber gleichberechtigt. Infolgedessen besteht grundsätzlich kein Grund dafür, einen Sicherungsgeber bevorzugt zu behandeln.[587] Die zusammentreffenden Sicherungsmittel sind gleichrangig, und dafür ist § 426 BGB anzuwenden, es sei denn, dass die Vertragsparteien anderes vereinbart haben.[588] Demnach wird die Haftung auf die einzelnen Sicherungsgeber beim identischen Haftungsumfang zu gleichen Teilen aufgeteilt[589], sodass sich darin das gleichberechtigte Innenverhältnis widerspiegelt.

2. Ausnahme

Es stellt sich hier die Frage, ob vom eben dargelegten Grundsatz eine Ausnahme zu machen ist, wenn eine Verbindlichkeit zum einen durch eine Bürgschaft, zum anderen durch eine Realsicherheit gesichert wird.

a. Bevorzugung des Bürgen

Diese Frage wird von einer Mindermeinung in der Kommentarliteratur[590] positiv beantwortet. Danach befindet sich der Bürge in einer privilegierten Position und wird bevorzugt behandelt. Schließt man sich dieser Meinung an, kann der Bürge Ausgleich von den anderen Sicherungsgebern fordern, wenn er die Befriedigung des Gläubigers geleistet hat. Demnach geht die Forderung des Gläubigers gegen den Hauptschuldner, die von der Hypothek gesichert wird, gemäß §§ 774 I S. 1, 412, 401 BGB auf ihn über.[591] Befriedigt der andere Sicherungsgeber (Hypothekenbesteller, Verpfänder) den Gläubiger, so geht demgemäß die Bürgschaftsforderung nicht auf den andere Sicherungsgeber über. Dabei wird der Bürge frei und braucht diesem anderen Sicherungsgeber keinen Ausgleich zu leisten[592].

---

587 Reinicke/Tiedtke, Bürgschaftsrecht, S. 239.
588 Reinicke/Tiedtke, Kreditsicherung, S. 457.
589 Looschelders, S. 357.
590 Baur/Stürner, S. 506; Enneccerus/Lehmann, S. 800; Staudinger/Horn, § 774, Rn. 68; Tiedtke, DNotZ 1993, S. 291.
591 Reinicke/Tiedtke, Bürgschaftsrecht, S. 240.
592 Reinicke/Tiedtke, Bürgschaftsrecht, S. 240.

Der Ansicht beruht nicht nur auf dem Rechtsgedanken des § 776 BGB, sondern auch darauf, dass der Bürge hier besonders geschützt werden soll.[593]

b. Die herrschende Meinung

Die herrschende Meinung folgt dem Gleichheitsprinzip, dass der Bürge und dingliche Sicherungsgeber ebenfalls wie Gesamtschuldner zu behandeln sind und dem Bürgen im Innenverhältnis keine privilegierte Stellung eingeräumt wird.[594] Der BGH hat sich auch der herrschenden Meinung angeschlossen. Er sieht das gerechte Ergebnis in einer durch Treu und Glauben gebotenen Heranziehung des Gesamtschuldmodells[595].

III. Vergleich

Für die Fälle, in denen die Forderung des Gläubigers durch Bürgschaft und durch eine vom Hauptschuldner bestellte dingliche Sicherheit abgesichert wird, hat der chinesische Gesetzgeber dem Gläubiger keinen Entscheidungsspielraum für die Auswahl des Sicherungsgebers eingeräumt. Daraus folgt, dass der Gläubiger die Befriedigung zuerst aus der Realsicherheit suchen muss (§ 176 S. 1 SaG). Im deutschen Recht existiert keine vergleichbare zwingende Regelung. Hier kann der Gläubiger frei wählen, welcher Sicherungsgeber ihn befriedigen soll. Allerdings steht dem Bürgen gemäß § 771 I BGB die Einrede der Vorausklage zu.
Für die Fälle, in denen die Forderung durch Bürgschaft und durch von Dritten bestellte dingliche Sicherheit gesichert wird, wollen die Gesetzgeber beider Länder erreichen, dass der Bürge wie jeder andere Sicherungsgeber behandelt wird. Aufgrund fehlender Regelungen[596] über den

---

[593] Looschelders, S. 358.
[594] BGHZ 108, S. 179 (182 ff.); Brox/Walker, S. 397 f.
[595] BGHZ 108, S. 179 ff.
[596] Zhu, Fan, S. 115.

gesetzlichen Forderungsübergang (§§ 774 I, 426 BGB) wird allerdings hier der Bürge in China im Ergebnis rechtlich benachteiligt.

B. Bürgschaft im Insolvenzverfahren

I. Nach chinesischem Recht

Nach dem im Jahr 2006 in Kraft getretenen chinesischen Unternehmensinsolvenzgesetz kann das Unternehmen durch Liquidation, Restrukturierung oder ein Vergleichsverfahren seine Schuld bezahlen und sich von den Zahlungsschwierigkeiten befreien. Die Insolvenz eines Beteiligten (Gläubiger, Bürge und Hauptschuldner) hat Einfluss auf das Bürgschaftsverhältnis, insbesondere die Insolvenz des Bürgen hat große Auswirkung auf die Beziehung zum Gläubiger[597].

1. Insolvenz des Gläubigers

Bei Insolvenz des Gläubigers wird die Forderung des Gläubigers gegen den Hauptschuldner nach § 30 CInsG als Insolvenzvermögen des Gläubigers behandelt. Verzichtet der Gläubiger innerhalb eines Jahres vor seinem Antrag auf Eröffnung des Insolvenzverfahrens auf die Forderung (einschließlich des Anspruchs gegen den Bürgen), kann der Insolvenzverwalter gemäß § 31 Nr. 5 CInsG beim Volksgericht beantragen, den Verzicht des Gläubigers zu beseitigen. Deshalb ist anzunehmen, dass die Insolvenz des Gläubigers grundsätzlich die Bürgschaftsverpflichtung des Bürgen nicht beeinflussen kann.[598] Der Bürge kann sich nicht infolge der Insolvenz des Gläubigers von der Bürgschaftspflicht befreien.

---

[597] Cao, Shibing, S. 166.

[598] Cheng, Xiao, S. 461; Cao, Shibing, S. 166.

2. Insolvenz des Bürgen

Weder das CKSG noch das CInsG haben die Rechtslage ausdrücklich geregelt, die gegeben ist, wenn der Bürge nach Abschluss des Bürgschaftsvertrags selbst Insolvenz beantragt hat. Daraus resultiert die Frage, ob die Bürgschaftspflicht mit der Insolvenz des Bürgen erlischt. Dies wird von der herrschenden Meinung in der chinesischen Rechtslehre verneint[599]. Da dem Gläubiger der Anspruch gegen den Bürgen aus dem Verhältnis des Bürgschaftsvertrags noch zusteht, kann er am Insolvenzverfahren des Bürgen teilnehmen und seine Forderung anmelden. Daher bringt die Insolvenz des Bürgen seine Verpflichtung nicht zum Erlöschen.
Es stellt sich hiermit allerdings die weitere Frage, ob der Bürge bei der regulären Bürgschaft die Einrede der Vorausklage erheben kann, wenn über das Vermögen des Bürgen das Insolvenzverfahren eröffnet ist. Diesbezüglich werden in der chinesischen Rechtslehre zwei gegenteilige Ansichten vertreten. Eine Ansicht[600] bejaht dies, da sie dem Prinzip der Subsidiarität und dem Gedanken des Bürgenschutzes folgt. Die Gegenansicht[601] geht davon aus, dass dem Bürgen in diesem Fall die Einrede der Vorausklage nicht mehr zusteht. Diese Gegenansicht beruht auf dem Gedanken der Schutzbedürftigkeit des Gläubigers. Der Gegenansicht kann man sich nicht anschließen. Der Bestand der Einrede der Vorausklage liegt zugrunde, dass der Bürge nur haftet, wenn der Versuch des Gläubigers auf den Hauptschuldner erschöpft wird. Ob der Bürge im Insolvenzverfahren ist, spielt dabei keine Rolle.

3. Insolvenz des Hauptschuldners

Die Insolvenz des Hauptschuldners hat relativ großen Einfluss auf die

[599] Xi, Xiaoming/Wang, Fuxiang, S. 101; Cao, Shibing, S. 169 f.; Cheng, Xiao, S. 445.
[600] Xi, Xiaoming/Wang, Fuxiang, S. 99.
[601] Lü, Botao/Yan, Jiawu, S. 159; Cheng, Xiao, S. 447.

Verpflichtung des Bürgen. Nachdem das Insolvenzverfahren des Hauptschuldners eröffnet wird, verpflichtet sich der Bürge, der eine reguläre Bürgschaft übernommen hat, als Solidarschuldner. Dadurch verliert der Bürge nach § 17 III Nr. 2 CKSG die Möglichkeit der Einrede der Vorausklage.

Hat der Gläubiger nach Annahme des Insolvenzantrags des Hauptschuldners durch das Volksgericht seine Forderung nicht angemeldet, so kann der Bürge gemäß § 32 CKSG den Rückgriffsanspruch gegen den Hauptschuldner im Voraus erheben. Im Zivilverfahrensrecht wird dieser Rückgriffsanspruch so verstanden, dass der Bürge als Insolvenzgläubiger am Insolvenzverfahren des Hauptschuldners teilnehmen kann.[602] Soweit der Gläubiger seine Forderung angemeldet hat, ist die Anmeldung des Bürgen im Insolvenzverfahren ausgeschlossen. Nach Eröffnung des Insolvenzverfahrens des Hauptschuldners steht der Gläubiger in der Mitteilungspflicht. Hat der Gläubiger weder seine Forderung beim Volksgericht angemeldet noch dem Bürgen Mitteilung gemacht, so kann der Bürge sich nach § 45 ACKSG von seiner Bürgschaftshaftung befreien, nachdem der Gläubiger die Insolvenz des Hauptschuldners erkannt hat oder hätte erkennen müssen.

Die Teilzahlung des Bürgen im Insolvenzverfahren des Hauptschuldners wird in China nicht gesetzlich geregelt.

II. Lösung nach deutschem Recht

1. Insolvenz des Gläubigers

Der Fall der Insolvenz des Gläubigers stellt nach deutschem Recht grundsätzlich kein Problem dar und ist nicht diskussionsbedürftig. Die Insolvenz des Gläubigers führt nicht zur Beendigung der Bürgschaftsverpflichtung.

---

[602] Cao, Shibing, S. 167.

2. Insolvenz des Bürgen

In Falle der Insolvenz des Bürgen kann der Gläubiger nach § 174 InsO seine ihm gegen den Bürgen zustehende Bürgschaftsforderung im Insolvenzverfahren anmelden[603], es sei denn, dass der Gläubiger vor der Eröffnung des Insolvenzverfahrens des Bürgen vom Hauptschuldner befriedigt wurde. Nach § 41 I InsO gilt der Bürgschaftsanspruch bei der Insolvenz des Bürgen als fällig. Ist die Einrede der Vorausklage ausgeschlossen, so kann der Gläubiger damit sofort am Insolvenzverfahren des Bürgen teilnehmen.[604] Erhebt der Bürge die Einrede der Vorausklage, kann die aufschiebend bedingte Forderung des Gläubigers zwar auch am Insolvenzverfahren teilnehmen. Ihr Anteil wird aber nach § 191 I InsO bei einer Abschlagsverteilung nur zuerst einbehalten; sie kann nur ausgezahlt werden, wenn die Bedingung eingetreten ist.[605]

3. Insolvenz des Hauptschuldners

Wenn das Insolvenzverfahren über das Vermögen des Hauptschuldners eröffnet wird, ist die Einrede der Vorausklage gemäß § 773 I Nr. 3 BGB ausgeschlossen.

Hat der Bürge im Insolvenzverfahren des Hauptschuldners überhaupt nicht geleistet, so kann der Gläubiger seine Forderung in vollem Umfang anmelden. Nach § 44 InsO kann der Bürge eine künftig durch Befriedigung des Gläubigers zu erwerbende Forderung nur im Insolvenzverfahren anmelden, wenn der Gläubiger nicht bereits vorher seine Forderung angemeldet hat.[606]

Soweit der Bürge in der Insolvenz des Hauptschuldners die Bürgschaftspflicht vor Verfahrenseröffnung vollständig erfüllt hat, kann er, aber nicht

[603] Staudinger/Horn, Vorbem. zu §§ 765-778, Rn. 193.
[604] Vgl. Staudinger/Horn, Vorbem. zu §§ 765-778, Rn. 193.
[605] Staudinger/Horn, Vorbem. zu §§ 765-778, Rn. 193.
[606] HK-InsO/Eickmann, § 43, Rn. 8.

der Gläubiger, am Verfahren teilnehmen.
Hinsichtlich einer Teilzahlung des Bürgen im Insolvenzverfahren des Hauptschuldners wären die Regelungen nach deutschem Recht für China eine mögliche Lösung. Dabei unterscheidet das deutsche Recht den Zeitpunkt vor und nach Eröffnung des Verfahrens.
Wenn der Bürge den Gläubiger vor Eröffnung des Insolvenzverfahrens teilweise befriedigt hat, können sowohl der Bürge als auch der Gläubiger am Insolvenzverfahren teilnehmen. Die Teilnahme des Bürgen an der Insolvenz beruht auf der vom Gläubiger auf ihn übergegangenen Forderung nach § 774 I BGB bzw. nach § 670 BGB; der Gläubiger kann nur den Anspruch auf seine Restforderung im Insolvenzverfahren geltend machen.[607]
Sofern der Bürge nach Eröffnung des Verfahrens einen Teilbetrag seiner Bürgschaftsschuld bezahlt, wird gemäß § 43 InsO dem Gedanken des Schutzes des Gläubigers Rechnung getragen.[608] Danach kann der Gläubiger die Forderung in vollem Umfang im Insolvenzverfahren geltend machen, obwohl die Hauptschuld durch die Leistung des Bürgen reduziert wird.[609] Dies führt dazu, dass der Bürge nach § 44 InsO die auf ihn übergegangene Forderung nicht im Insolvenzverfahren anmelden kann.[610] Denn andernfalls würde sich die Forderung des Bürgen gegenüber dem Hauptschuldner ungerechtfertigterweise zum Vorteil des Bürgen verdoppeln[611].

[607] Bülow, S. 356.
[608] HK-InsO/Eickmann, § 43, Rn. 11.
[609] BGHZ 27, S. 51 (54); Reinicke/Tiedtke, Bürgschaftsrecht, S. 215.
[610] BGHZ 27, S. 51 (55); BGH NJW 1969, S. 796; BGH NJW 1985, S. 1159; HK-InsO/Eickmann, § 43, Rn. 11.
[611] Reinicke/Tiedtke, Bürgschaftsrecht, S. 215.

Fünfter Teil: Schlussbetrachtung

A. Vergleich der Bürgschaft im chinesischen und im deutschen Recht

Im Folgenden sollen die wichtigsten Unterschiede zwischen der Bürgschaft in China und in Deutschland zusammengefasst werden.

Die Darstellung in den vorigen Kapiteln hat gezeigt, dass bei der Bürgschaft in China und in Deutschland in vielen Bereichen Gemeinsamkeiten bestehen. Dies liegt nicht nur daran, dass China bereits seit Ende der Qing-Dynastie mit dem deutschen Rechtssystem über dessen Rezeption vertraut ist, sondern auch daran, dass der Aufbau des zukünftigen chinesischen Zivilgesetzbuchs sich auch weiterhin am deutschen Rechtssystem orientieren soll.

Die Bürgschaft ist sowohl in China als auch in Deutschland das wichtigste persönliche Kreditsicherungsmittel.

Anders als das Bürgschaftsrecht in Deutschland, das als Schuldverhältnis im Besonderen Teil des BGB geregelt ist, befinden sich die Regelungen der Bürgschaft in China nicht im Vertragsgesetz, sondern im Kreditsicherungsgesetz.

Unterschiedlich geregelt sind in beiden Rechtsordnungen die Voraussetzungen der Wirksamkeit des Bürgschaftsvertrags. Während es nach dem BGB keine besonderen Beschränkungen bei Bürgen gegeben hat, können „Organisationen", die mit dem öffentlichen Interesse verknüpft sind (Staatsbehörde, öffentliche Institutionseinheit, Personalkörperschaft), gemäß §§ 8 ff. CKSG nicht als Bürge tätig sein. Der Bürgschaftsvertrag erfordert in beiden Ländern die Schriftform. Auch die Bürgschaftserklärung eines Kaufmannes, die nach § 350 HGB keiner Schriftform bedarf, muss im chinesischen Bürgschaftsrecht (§ 13 CKSG) schriftlich erteilt werden. Ein gegen Formvorschriften verstoßender Bürgschaftsvertrag ist nach deutschem Recht nichtig (§ 125 BGB). Ein Verstoß gegen Formvorschriften führt nach chinesischem Vertragsrecht hingegen nicht zur

Nichtigkeit des Bürgschaftsvertrags. Er wird gemäß § 36 CVG trotzdem wirksam, wenn der Bürge bereits die wesentliche Vertragspflicht erfüllt und der Gläubiger diese angenommen hat.

Die Kriterien der Sittenwidrigkeit des Bürgschaftsvertrags, die durch die Rechtsprechung des BGH im deutschen Recht konkretisiert werden, werden in der chinesischen Rechtslehre und Rechtsprechung kaum diskutiert. Stattdessen wird eine Diskussion über die „Begleichungsfähigkeit" des Bürgen geführt.

In beiden Rechtssystemen wird die Bürgschaft durch die Grundprinzipien der Akzessorietät und der Subsidiarität bestimmt.

Nach dem Akzessorietätsprinzip ist die Verpflichtung des Bürgen grundsätzlich in Bestand, Inhalt, Umfang, Forderungszuständigkeit und Durchsetzbarkeit von der Hauptverbindlichkeit abhängig. Dieses Grundprinzip unterliegt in beiden Ländern gewissen Einschränkungen.

Hinsichtlich der Geltendmachung von Einwendungen des Hauptschuldners durch den Bürgen beinhalten beide Rechtsordnungen unterschiedliche Regelungen. Statt der Geltendmachung von Einreden des Hauptschuldners gemäß § 768 BGB kann der Bürge im chinesischen Bürgschaftsrecht nach § 20 I S. 1 CKSG nur ein sog. „Verteidigungsrecht" des Hauptschuldners geltend machen. Das Leistungsverweigerungsrecht des Bürgen nach § 770 BGB findet im chinesischen Bürgschaftsrecht keine Entsprechung.

Nach dem Grundsatz der Subsidiarität steht dem Bürgen in beiden Rechtssystemen die Einrede der Vorausklage zu. In beiden Ländern kann sie ausgeschlossen sein, und zwar durch ausdrücklichen Verzicht (§ 773 I Nr. 1 BGB, § 17 III Nr. 3 CKSG) oder durch Vereinbarung einer selbstschuldnerischen Bürgschaft (§ 773 I Nr. 1 BGB) oder einer Solidarbürgschaft (§ 18 CKSG), wobei die beiden letztgenannten Kategorien im jeweils anderen Land unbekannt sind. In der Rechtspraxis in China wird immer eine Solidarbürgschaft vereinbart, bei der sich die Rechtsbeziehung zwischen Gläubiger und Bürgen nach den Vorschriften der Gesamtschuld richtet, so dass der Bürge nicht die Einrede der Vorausklage erheben kann. Das gleiche Ergebnis wird in Deutschland durch die Vereinbarung einer selbstschuldnerischen Bürgschaft erreicht. Der Verzicht auf die Einrede der Vorausklage sowohl nach chinesischem Recht als auch nach deutschem Recht erfordert Schriftform (§ 17 III Nr. 3 CKSG). Nach deutschem Recht, das vom Gedanken des Bürgenschutzes geprägt ist, steht dem Bürgen die Einrede der Vorausklage grundsätzlich zu; es sei denn, dass die Parteien des Bürgschaftsvertrags den Verzicht vereinbart haben. Nach chinesischem Recht, das sich am Schutz des Gläubigers orientiert, kann der Bürge nur die Einrede der Vorausklage erheben, wenn die Vertragsparteien ausdrücklich einen regulären Bürgschaftsvertrag abgeschlossen haben. Ohne klare Vereinbarung der Vertragsparteien über die Bürgschaftsform haftet der Bürge nach § 19 CKSG für eine Solidarbürgschaft und steht ihm die Einrede der Vorausklage nicht zu.

Zu beachten ist, dass ein deutlicher Unterschied bei der Mitbürgschaft nach chinesischem und deutschem Bürgschaftsrecht besteht. Während die Mitbürgen in Deutschland grundsätzlich als Gesamtschuldner haften (§769 BGB), sind sie in China erst einmal als Teilschuldner verpflichtet (§ 12 S. 1 CKSG), es sei denn, dass eine Gesamtschuld vereinbart worden ist (§ 12 S. 2 CKSG).

Anders als im deutschen Recht (§§ 774, 426 BGB) gehen die dinglichen Sicherheiten nach dem chinesischen Recht nicht auf den Bürgen über, soweit der Bürge den Gläubiger befriedigt hat. Dem Bürgen steht ein Regressanspruch gegen die dinglichen Sicherungsgeber zu (§ 38 I S. 2 ACKSG).

Hinsichtlich des Erlöschens der Verpflichtung des Bürgen gelten in beiden Ländern auch unterschiedliche Bestimmungen.

Das Erlöschen der Bürgschaftsverpflichtung nach § 418 I S. 1 BGB findet im chinesischen Bürgschaftsrecht keine Entsprechung.

Liegt eine befristete Bürgschaft vor, so wird die Frist im deutschen Recht dahingehend verstanden, dass sie im Zweifel lediglich den Kreis der zu

sichernden Forderungen zeitlich begrenzt. Dagegen bringt Fristablauf in China die Bürgschaft zum Erlöschen.
Unbefristete Bürgschaften können im deutschen Recht nach einer angemessenen Laufzeit oder bei Vorliegen wichtiger Gründe gekündigt werden. In China wird allerdings die unbefristete Bürgschaft nicht gestattet. Solche Bürgschaften erlöschen nach zwingender gesetzlicher Regelung (§ 32 II ACKSG) in zwei Jahren nach Ablauf der Erfüllungsfrist der Hauptverbindlichkeit.

B. Reform des chinesischen Bürgschaftsrechts

Im Hinblick auf die Gewährleistung der Erfüllung der Verbindlichkeit, den Schutz der Geschäftssicherheit und die Förderung der Marktfinanzierung entfaltet die Bürgschaft ihre Vorteile. Das 1995 in Kraft getretene chinesische Kreditsicherungsgesetz hat zwar einen gewissen Erfolg erzielt und positiven Einfluss auf die Standardisierung des Bürgschaftsgeschäfts, die Feststellung der Bürgschaftsverpflichtung und den Aufbau des Kreditmarktsystems ausgeübt.[612] Mit der Fortentwicklung der Gesellschaft und der Wirtschaft entstehen jedoch schrittweise Gesetzeslücken und Widersprüche (insbesondere zwischen CKSG, ACKSG und SaG), die auch aus der unzureichenden Gesetzgebungstechnik herrühren. Um diese Probleme zu lösen, hat das chinesische oberste Volksgericht fünf Jahre später die „Auslegungen zu einigen Fragen betreffend die Anwendung des CKSG“ erlassen. Allerdings wurde dadurch keine vollständige Problemlösung erreicht, und es bestehen Bedenken mit Blick auf die Rechtmäßigkeit und Zweckmäßigkeit. Deshalb werden die Regelungen aus CKSG und ACKSG der heutigen Entwicklung der Wirtschaft und der Rechtswissenschaft in China kaum gerecht. Es ist daher notwendig, das Rechtssystem und einige Einzelregelungen des chinesischen Bürgschaftsrechts in gewissem Maße zu reformieren. Zusammenfassend sol-

---

[612] Vgl. Cao, Shibing, S. 4.

len die folgenden Reformvorschläge gegeben werden:

Zunächst ist das chinesische Bürgschaftsrecht auf der Ebene des Gesetzesaufbaus und der Rechtssystematik änderungsbedürftig:

1. Es ist völlig nachvollziehbar, dass infolge des akzessorischen und subsidiären Charakters und des Einflusses der ehemaligen Sowjetunion die verschiedenartigen Kreditsicherungen (Bürgschaft, Hypothek, Pfandrecht, etc.) gemeinsam in einem Gesetz (CKSG) in China geregelt werden. Um das Ziel der Kodifikation des chinesischen Zivilgesetzbuchs zu erreichen, wurden das Vertragsgesetz (1999), das Sachenrechtsgesetz (2007) und das Delikthaftungsgesetz[613] (2010) erlassen. Die Systematik der Bürgschaft wird insbesondere durch den Erlass des Sachenrechtsgesetzes, in dem die Bestimmungen über Hypothek, Pfandrecht und Zurückbehaltungsrecht neu gefasst werden, geändert. Denn gegenüber dem Kreditsicherungsgesetz hat das Sachenrechtsgesetz den Vorrang. Dies führt z. B. dazu, dass Regelungen über die dingliche Sicherung im CKSG überflüssig sind. Deshalb wird angenommen, dass die Bürgschaft, die eigentlich ein Schuldverhältnis ist, mit Vervollständigung des zukünftigen chinesischen Zivilgesetzbuchs in den Besonderen Teil des Schuldrechts eingegliedert werden könnte.
2. Aufgrund der Gesetzeslücken des CKSG und der Vernachlässigung der ACKSG bestehen Widersprüche zwischen beiden[614]. In einigen Bereichen gehen die ACKSG sogar über das CKSG hinaus und werden nicht als Justizauslegungen, sondern als gesetzgeberische Auslegungen angewendet. Daraus erwachsen Schwierigkeiten für die Justizpraxis, insbesondere fehlt es an einem einheitlichen Urteilsmaßstab für die Gerichte. Die Regelungen aus den ACKSG, die

[613]《中华人民共和国侵权责任法》. Das Gesetz wurde am 26. Dezember 2009 in der 12. Sitzung des Ständigen Ausschusses des XI. Nationalen Volkskongresses verabschiedet und trat am 01. Juli 2010 in Kraft.
[614] Bai, Yan, S. 10.

in der Rechtspraxis problemlos angewendet werden können, sollten in die Zukunft im Gesetz integriert werden.

3. In gewissem Maß ist es nötig und wichtig, dass die Bürgschaft dem Schutz der Forderung des Gläubigers dient. Im Hinblick auf das Regelungsziel hat der Gesetzgeber des chinesischen Kreditsicherungsgesetzes nur versucht, durch den Risikotransfer auf die Bürgschaft die Forderung des Gläubigers zu bewahren.[615] Er hat vernachlässigt, dass eine ausgewogene Risikoverteilung ebenfalls eine Maßnahme zur Gewährleistung der Forderung ist.[616] Nach diesem Rechtsgedanken liegt der Gläubigerschutz der Erschwerung der Bürgschaftsverpflichtung zugrunde, und das Gleichgewicht zwischen dem Interesse des Gläubigers und des Bürgen wird gestört. Dafür ergibt sich das typische Beispiel aus § 19 CKSG. Danach haftet der Bürge als Solidarschuldner, wodurch er die Möglichkeit der Einrede der Vorausklage verliert, soweit die Art der Bürgschaft nicht von den Parteien des Bürgschaftsvertrags vereinbart worden ist. Ein weiteres Beispiel ist § 29 2. Halbsatz CKSG, wonach die juristische Unternehmensperson für ihre Zweigstelle haften muss, wenn der Gläubiger nicht schuldhaft die Unwirksamkeit des Bürgschaftsvertrags herbeigeführt hat, ohne zu berücksichtigen, ob die juristische Unternehmensperson dafür Verschulden trifft.

   Deshalb sollte sich die Entwicklung des chinesischen Bürgschaftsrechts zu einem gewissen Grad der Richtung des Bürgenschutzes annähern. Damit kann ein vollständiges, gleichberechtigtes System der Risikoverteilung zwischen Gläubiger, Hauptschuldner und Bürgen aufgebaut werden.

Weitergehender Änderungsbedarf im chinesischen Bürgschaftsrecht besteht auf der Ebene der einzelnen Regelungen. Zu nennen sind folgende:

1. Die Wirksamkeit des Bürgschaftsvertrags steht im Zusammenhang

---

615 Cao, Shibing, S. 8.

616 Cao, Shibing, S. 8.

mit der Geschäftsfähigkeit der Vertragsparteien. Es erübrigt sich daher, dass die „Begleichungsfähigkeit" als Voraussetzung der Wirksamkeit des Bürgschaftsvertrags in § 7 CKSG geregelt wird. Ein Vorschlag wäre, dass die Regelung über die „Begleichungsfähigkeit" zunächst abgeschafft wird. Anschließend sollte die Regelung bzw. Rechtsprechung zur Sittenwidrigkeit fortentwickelt werden und sich dem deutschen Recht (§ 138 BGB) annähern.

2. § 9 CKSG, wonach die Schulen, Kindergärten und Krankenhäuser etc., die eine zu öffentlichen Zwecken handelnde Institutionseinheit darstellen, sowie Personalkörperschaften nicht Bürge sein können, ist reformbedürftig. Mit dem Fortschritt der Wirtschaftsreform sind in China zahlreiche private Schulen, Kindergärten und Krankenhäuser eröffnet worden, oder Schulen, Kindergärten und Krankenhäuser, die früher noch dem Staat gehörten, wurden privatisiert. Diese Einheiten können eine Bürgschaft übernehmen, da sie nicht das öffentliche Interesse vertreten.
3. Ebenso ist § 10 CKSG problematisch. Ob das Zweigorgan der juristischen Unternehmensperson als Bürge den Bürgschaftsvertrag abschließen kann, ist eine Frage innerhalb des Unternehmens. Dies sollte nicht durch das Kreditsicherungsgesetz, sondern durch die Unternehmenssatzung geregelt werden.
4. Die Rechtsfolge des nichtigen Bürgschaftsvertrags, insbesondere die Haftung des Bürgen, sollte deutlich im Gesetz festgestellt werden[617].
5. Möglichkeiten für die Geltendmachung der Ansprüche des Bürgen gegen den Hauptschuldner sollen im Wortlaut im Gesetz ausdrücklich vorgesehen werden.
6. Im chinesischen Bürgschaftsrecht fehlt eine Regelung wie § 773 I Nr. 4 BGB. Der Erlass wäre wünschenswert, damit der Gläubiger nicht benachteiligt wird. Nach dieser Vorschrift ist die Einrede der Vorausklage ausgeschlossen, wenn die Zwangsvollstreckung in das

617 Auch, Cao, Shibing, S. 6.

Vermögen des Hauptschuldners aussichtslos ist.

7. Entsprechende Regelungen zum gesetzlichen Forderungsübergang (§§ 774, 426 BGB) sollten im Bürgschaftsrecht in China vorgesehen werden, um den Bürgen im Fall des Zusammentreffens der Bürgschaft mit dinglichen Sicherungsrechten vor Nachteilen zu schützen.

Nicht nur auf Ebene des internationalen Wirtschaftsverkehrs, sondern auch auf Ebene des inländischen Wirtschaftsverkehrs sollte die „unabhängige Kreditsicherung"[618] gesetzlich anerkannt werden

[618] Chinesisch: 独立担保.

Literaturverzeichnis

Verzeichnis chinesischer Literatur:

Bai, Yan (白彦): Untersuchung einiger rechtssystematischer Probleme der Bürgschaft (保证法律制度若干问题研究), Dissertation, Beijing 2001

Cai, Yongmin (蔡永民): Kreditsicherungsrecht im Vergleich (比较担保法), Beijingdaxue Chubanshe (北京大学出版社), Beijing 2004

Cao, Shibing (曹士兵): Das chinesische Kreditsicherungssystem und die chinesische Kreditsicherungsmethode - nach Erlass des Sachenrechtsgesetzes (中国担保制度与担保方法 - 根据物权法修订), Zhongguofalü Chubanshe (中国法律出版社), Beijing 2007

Cheng, Xiao (程啸): Studie zum Bürgschaftsvertrag (保证合同研究), Falü Chubanshe (法律出版社), Beijing 2006

Dai, Yanhui (戴炎辉): Chinesische Rechtsgeschichte (中国法制史), Taiwan Sanmin Shuju (台湾三民书局), Taipei 2000

Gao, Shengping (高圣平): Praxisuntersuchung zu neuen Problemen des Kreditsicherungsrechts (担保法新问题判解研究), Renminfayuan Chubanshe (人民法院出版社), Beijing 2001 (zitiert: Gao, Shengping, Praxisuntersuchung zu neuen Problemen des Kreditsicherungsrechts)

ders.: Praxisuntersuchung zu Problemen des Bürgschaftsvertrags (保证合同重点疑点难点问题判解研究), Renminfayuan Chubanshe (人民法院出版社), Beijing 2005 (zitiert: Gao, Shengping, Praxisuntersuchung zu Problemen des Bürgschaftsvertrags)

Guo, Mingrui (郭明瑞): Kreditsicherungsrecht (担保法), 2. Auflage, Falü Chubanshe (法律出版社), Beijing 2004

Guo, Mingrui (郭明瑞)/Yang, Lixin (杨立新): Neue Theorien zum Kreditsicherungsrecht (担保法新论), Jilin Renmin Chubanshe (吉林人民出版社), Changchun 1996

Han, Shiyuan (韩世远): Die gesamte Theorie des Vertragsrechts (合同总论), Falü Chubanshe (法律出版社), Beijing 2004

He, Bo (何波): Kreditsicherungsrecht - Brennpunkte, Probleme, Leitlinien (担保法 - 焦点，难点，指引), Zhongguo Falü Chubanshe (中国法律出版社), Beijing 2008
Hu, Kangsheng (胡康生): Erläuterungen zum Vertragsgesetz der Volksrepublik China (中华人民共和国合同法释义), Falü Chubanshe (法律出版社), Beijing 2006
Jiang, Ping (江平): Vertiefte Erläuterungen zum neuen Vertragsgesetz der Volksrepublik China (中华人民共和国新合同法精解), Zhongguo Zhengfadaxue Chubanshe (中国政法大学出版社), Beijing 1999
Kong, Xiangjun (孔祥俊): Praxis des Kreditsicherungsgesetzes anhand von Fallbeispielen (担保法例解与适用), Renminfayuan Chubanshe (人民法院出版社), Beijing 2001
Li, Mingfa (李明发): Untersuchung zur Haftung aus Bürgschaft (保证责任研究), Falü Chubanshe (法律出版社), Beijing 2006
Li, Tie (李铁): Chinesische Rechtsgeschichte (中国法制史纲), Beijing 1980
Liu, Baoyu (刘保玉)/Lü, Wenjiang (吕文江): Untersuchung zum System der Forderungssicherung (债权担保制度研究), Zhongguo Minzhu Fazhi Chubanshe (中国民主法制出版社), Beijing 2000
Lü, Botao (吕伯涛)/Yan, Jiawu (严加武): Untersuchung einiger rechtlicher Probleme bei Insolvenzfällen (破产案件若干法律问题探讨), Studie zum Urteil in Handelssachen (商事审判研究), Renminfayuan Chubanshe (人民法院出版社), Beijing 2004
Quanguo renda changweihui fazhi gongzuo weiyuanhui minfashi (全国人大常委会法制工作委员会民法室): Kommentar zum Kreditsicherungsgesetz der VR China (中华人民共和国担保法释义), Falü Chubanshe (法律出版社), Beijing 1995
Shi, Shangkuan (史尚宽): Der Besondere Teil des Schuldrechts (债法各论), Zhongguo Zhengfadaxue Chubanshe (中国政法大学出版社), Beijing 2000
Tong, Rou (佟柔): Grundzüge des Zivilrechts (民法原理), Falü Chu-

banshe (法律出版社), Beijing 1988
Wang, Lili (王丽丽): Risikokontrolle bei bankrechtlichen Streitigkeiten (银行法律纠纷风险控制), Falü Chubanshe (法律出版社), Beijing 2004
Wang, Liming (王利明): Untersuchung zum Vertragsrecht Teil II (合同法研究, 第2卷), Zhongguo Renmindaxue Chubanshe (中国人民大学出版社), Beijing 2003
Wang, Liming (王利明)/Cui, Jianyuan (崔建远): Neue Theorien des Vertragsrechts: Allgemeiner Teil (合同法新论: 总则), Zhongguo Zhengfadaxue Chubanshe (中国政法大学出版社), Beijing 2000
Wang, Shuliang (王叔良): Kreditsicherungsrecht im Vergleich (担保法比较), Fujianrenmin Chubanshe (福建人民出版社), Fuzhou 1999
Wang, Yuan (王源)/Zhang, Peng (张鹏): Das neue Vertragsgesetz (新合同法), in Pekinger Abendzeitung vom 17. Mai 1999 (北京晚报, 1999 年 5 月 17 日) (zitiert: Wang, Yuan/Zhang, Peng, in Pekinger Abendzeitung vom 17. Mai 1999)
Wirtschaftskammer des obersten Volksgerichts (最高人民法院经济庭): Leitlinien für Wirtschaftssachen, Teil II (经济审判指导, 第2卷), Falü Chubanshe (法律出版社), Beijing 2000
Wu, Jingren (武靖人)/Yuan, Zhujie (袁祝杰): Recht und Praxis der Kreditsicherung in China (中国担保法律与实务), Zhongxin Chubanshe (中信出版社), Beijing 1997
Xi, Xiaoming (奚晓明)/Wang, Fuxiang (王福祥): Insolvenzverfahren und Übernahme einer Bürgschaftsverpflichtung (破产程序与保证责任的承担), Urteile in Zivil- und Handelssachen in China (中国民商审判), Falü Chubanshe (法律出版社), Beijing 2004
Xiang, Zhenhua (项振华)/Wang, Cheng (王成): Das vereinheitlichte Vertragsgesetz (统一合同法), aus der Auslandsausgabe der Volkszeitung vom 26. März 1999 (人民日报海外版, 1999 年 3 月 26 日) (zitiert: Xiang, Zhenhua/Wang, Cheng, aus der Auslandsausgabe der Volkszeitung vom 26. März 1999)
Xie, Huaishi(谢怀栻): Ausgewähltes ausländisches Zivil- und Handels-

recht (外国民商法精要), Falü Chubanshe (法律出版社), Beijing 2002
Ye, Jinqiang (叶金强): Grundtheorie des Kreditsicherungsrechts (担保法原理), Kexue Chubanshe (科学出版社), Beijing 2002
Zhang, Jinfan (张晋藩): Das Rechtssystem im alten China (中国古代法律制度), Zhongguo Guangbodianshi Chubanshe (中国广播电视出版社), Beijing 1992
Zhang, Linfeng (张林枫): Studie zum System der Bürgschaft (保证制度研究), Masterarbeit, Universität Suzhou 2003
Zhang, Wenxian (张文显): Lehrbuch der Rechtstheorie (法理学), Gaodengjiaoyu Chubanshe (高等教育出版社), Beijing 2003
Zheng, Xianhua (郑显华): Theorie und Praxis des Vertrags- und Kreditsicherungsrechts (合同法，担保法理论与实务), Renminfayuan Chubanshe (人民法院出版社), Beijing 2006
Zhu, Fan (朱凡): Untersuchung zum Grundsystem der Personalsicherheiten (人的担保基本制度研究), Dissertation, Chongqing 2004
Zou, Hailin (邹海林)/Chang, Min (常敏): Theorie und Praxis der Forderungssicherung (债权担保的理论与实务), Shehuikexue Wenxian Chubanshe (社会科学文献出版社), Beijing 2005 (zitiert: Zou, Hailin/Chang, Min, Theorie und Praxis der Forderungssicherung)
dies.: Formen und Anwendung der Forderungssicherung (债权担保的方式和应用), Falü Chubanshe (法律出版社), Beijing 1998 (zitiert: Zou, Hailin/Chang, Min, Formen und Anwendung der Forderungssicherung)

Verzeichnis deutscher Literatur:

Bamberger, Heinz Georg/Roth, Herber: Kommentar zum Bürgerlichen Gesetzbuch, Band 2, 3. Auflage, München 2012 (zitiert: Bamberger/Roth/Bearbeiter)
Baumann, Xiaoyan: Das neue chinesische Sachenrecht: Seine Entwicklung unter Einfluss deutschen Rechts, Dissertation, Köln 2005
Baur, Jürgen Fritz/Stürner, Rolf: Sachenrecht, 18. Auflage, München

2009
Beeser, Joachim: Die Bürgschaft mehrerer, BB 1958, S. 970 ff.
Bettermann, Karl August: Akzessorietät und Sicherungszweck der Bürgschaft, NJW 1953, S. 1817 f.
Blessing, Dieter: Akzessorietät und Sicherungszweck der Bürgschaft - Eine rechtsvergleichende Untersuchung zum deutschen und französischen Recht, Dissertation, Saarbrücken 1972
Bolten, Marius: Die Verjährung der Bürgschaftsschuld nach der Schuldrechtsmodernisierung, ZGS 2006, S. 140 ff.
Bork, Reinhard: Allgemeiner Teil des Bürgerlichen Gesetzbuchs, 3. Auflage, Tübingen 2011
Braun, Susanne: Von den Nahbereichspersonen bis zu den Arbeitnehmern als Bürgen: ein Überblick über die Rechtsprechung des BGH zur Sittenwidrigkeit von Bürgschaften, Jura 2004, S. 474 ff.
Brox, Hans/Walker, Wolf-Dietrich: Besonderes Schuldrecht, 37. Auflage, München 2013
Bu, Yuanshi: Einführung in das Recht Chinas, München 2009
Bülow, Peter: Recht der Kreditsicherheiten - Sachen und Rechte, Personen, 7. Auflage, Heidelberg 2007
ders.: Einrede der Aufrechenbarkeit für Personengesellschafter, Bürgen und Hauptgesellschaft im Eingliederungskonzern, ZGR 1988, S. 192 ff.
Bünger, Karl: Das neue chinesische BGB - Seine Entstehungsgeschichte und Systematik, Blätter für Internationales Privatrecht (Beilage zur Leipziger Zeitschrift für Deutsches Recht) 1931, S. 257 ff. (zitiert: Bünger, Das neue chinesische BGB - Seine Entstehungsgeschichte und Systematik)
ders.: Zivil- und Handelsgesetzbuch sowie Wechsel- und ScheckG von China, Marburg 1934 (zitiert: Bünger, Zivil- und Handelsgesetzbuch sowie Wechsel- und ScheckG von China)
ders.: Die Rezeption des europäischen Rechts in China, in: Wolff, Ernst (Hrsg.) 1950, Beiträge zur Rechtsforschung, Berlin 1950, S. 166 ff. (zi-

tiert: Bünger, Die Rezeption des europäischen Rechts in China)
Bydlinski, Peter: Die Bürgschaft im österreichischen und deutschen Handels-, Gesellschafts- und Wertpapierrecht, Wien; New York 1991
ders.: Verjährung und Abtretbarkeit von Bürgschaftsansprüchen, ZIP 1989, S. 953 ff.
Chang, Hsün-yang: Die Übertragbarkeit abendländischer Rechtsordnungen auf China, ZVglRWiss (71) 1970, S. 45 ff.
Coester-Waltjen, Dagmar: Die Bürgschaft, Jura 2001, S. 742 ff.
Coing, Helmut: Bürgenschuld und Leistungsverweigerungsrecht aus § 21 IV UmstG, NJW 1951, S. 384 ff.
Dreismann, Stephan: Bürgenschutz durch Gläubigerdiligenz? : zu den Nebenpflichten des Bürgschaftsgläubigers gegenüber dem Bürgen, Dissertation, Köln 2000
Eisenhardt, Ulrich: Deutsche Rechtsgeschichte, 5. Auflage, München 2008
Eleftheriadis, Nikolaos: Die Bürgschaft auf erstes Anfordern, Dissertation, München 1999
Emmerich, Volker: BGB - Schuldrecht Besonderer Teil, 12. Auflage, Heidelberg 2009
Emmerich, Volker/Walter, Gerhardt: Grundfragen des Vertrags- und Schuldrechts, Frankfurt am Main 1972
Enneccerus, Ludwig/Lehmann, Heinrich: Lehrbuch des Bürgerlichen Rechts, Recht der Schuldverhältnisse, 15. Bearbeitung, Tübingen 1958
Erman, Walter (Hrsg. Westermann, Harm Peter/et al.): Handkommentar zum Bürgerlichen Gesetzbuch, Band I (§§ 1-758), 13. Auflage, Köln 2011; Band II (§§ 759-2385), 13. Auflage, Köln 2011 (zitiert: Erman/Bearbeiter)
Esser, Josef/Weyers, Hans-Leo: Schuldrecht Band II, Besonderer Teil, Teilband 1, Verträge, 8. Auflage, Heidelberg 1998
Fichtenbauer, Claudia: Bürgschaftsrecht, Auskunftspflicht als Nebenpflicht des Gläubigers gegenüber dem Bürgen - eine empirische Unter-

suchung der Praxis, Dissertation, Giessen 1995
Fikentscher, Wolfgang/Heinemann, Andreas: Schuldrecht, 10. Auflage, Berlin 2006
Fischer, Gero: Aktuelle Rechtsprechung des Bundesgerichtshofs zur Bürgschaft und zum Schuldbeitritt - Teil I, WM 1998, S. 1705 ff.
Gay, Barbara: Der Beginn der Verjährungsfrist bei Bürgschaftsforderungen, NJW 2005, S. 2585 ff.
Gernhuber, Joachim: Bürgerliches Recht, 3. Auflage, München 1991
Giesen, Dieter: Grundsätze der Konfliktlösung im Besonderen Schuldrecht: Die Bürgschaft (Teil I), Jura 1997, S. 64 ff.
Glück, Ulrike: Das Dian. Ein traditionelles chinesisches Rechtsinstitut in Gegenwart und Vergangenheit, Dissertation, Berlin 1999
Grigoleit, Hans-Christoph/Herresthal, Carsten: Der Schuldbeitritt, Jura 2002, S. 825 ff.
Grün, Beate: Die Generalklauseln als Schutzinstrumente der Privatautonomie am Beispiel der Kreditmithaftung von vermögenslosen nahen Angehörigen, WM 1994, S. 713 ff.
Habersack, Mathias: Die Akzessorietät - Strukturprinzip der europäischen Zivilrechte und eines künftigen europäischen Grundpfandrechts, JZ 1997, S. 857 ff.
Hadding, Walther/Häuser, Franz/Welter, Reinhard: Bürgschaft und Garantie in „Gutachten und Vorschläge zur Überarbeitung des Schuldrechts", hrsg. vom Bundesminister der Justiz, Band III, Köln 1983, S. 571 ff.
Hahn, Volker: Die Bürgschaft auf erstes Anfordern, MDR 1999, S. 839 ff.
Handkommentar BGB (Hrsg. Schulze, Reiner/et al.): Bürgerliches Gesetzbuch, Handkommentar, 7. Auflage, Baden-Baden 2012 (zitiert: Hk-BGB/Bearbeiter)
Harrer, Friedrich: Einreden des Bürgen, Festschrift für Heinrich Honsell zum 60. Geburtstag, S. 515 ff. (zitiert: FS Honsell, 2002)
Hauschild, Isabell: Der Schutz des Bürgen, Eine vergleichende Untersuchung zum französischen und deutschen Recht, Dissertation, Köln 1997

Heuser, Robert: Chinas Weg in eine neue Rechtsordnung, JZ 1988, S. 893 ff.
Hohmann, Jörg: Verjährung und Kreditsicherung, WM 2004, S. 757 ff.
Holznagel, Anke: Bürgenschutz mit System, Dissertation, Hannover 2001
Honsell, Heinrich: Anmerkung zu BGH, Urteil vom 19.01.1989, JZ 1989, S. 494 ff.
Hopp, Klaus Peter: Rechtsgrundlagen im Zivilrecht der VR China (Teil 1), Newsletter der deutsch-chinesischen Juristenvereinigung e.V., 1. Jahrgang Heft 2 April 1994, S. 9 ff.
Horn, Norbert: Bürgschaften und Garantien, Aktuelle Rechtsfrage der Bank-, Unternehmens- und Außenwirtschaftspraxis, 8. Auflage, Köln 2001
ders.: Bürgschaftsrecht 2000, ZIP 2001, S. 93 ff.
ders.: Bürgschaften und Garantien zur Zahlung auf erstes Anfordern, NJW 1980, S. 2153 ff.
Jährig, Alfred/Schuck, Hans: Handbuch des Kreditgeschäfts, 5. Auflage, Wiesbaden 1989
Jauernig, Othmar: Bürgerliches Gesetzbuch, Kommentar, 14. Auflage, München 2011 (zitiert: Jauernig/Bearbeiter)
ders.: Vertragshilfe, Wegfall der Geschäftsgrundlage und Bürgschaft, NJW 1953, S. 1207 ff.
Kohte, Wolfhard: Die Stellung des Schuldbeitritts zwischen Bürgschaft und Schuldübernahme, JZ 1990, S. 997 ff.
Kreft, Gerhart: Insolvenzordnung, Heidelberger Kommentar, 5. Auflage, Heidelberg 2008 (zitiert: HK-InsO/Bearbeiter)
Kühn, Wolfgang/Rotthege, Gerd: Inanspruchnahme des deutschen Bürgen bei Devisensperre im Lande des Schuldners, NJW 1983, S. 1233 ff.
Lambsdorff, Hans Georg Graf/Skora, Bernd: Handbuch des Bürgschaftsrechts, München 1994
Larenz, Karl/Canaris, Claus-Wilhelm: Lehrbuch des Schuldrechts, Zweiter Band: Besonderer Teil, 2. Halbband, 13. Auflage, München 1994

Lee, Hyeong-Kyu: Die Rezeption des europäischen Zivilrechts in Ostasien, ZVglRWiss (86) 1987, S. 158 ff.
Lepach, Michael Paul: Die persönlichen Kreditsicherheiten unter besonderer Berücksichtigung der Bürgschaft im deutschen und spanischen Recht, Dissertation, Mainz 1987
Lettl, Tobias: Akzessorietät contra Sicherungszweck - Rechtsfragen bei der Gestaltung von Bürgschaftserklärungen, WM 2000, S. 1316 ff.
Liang, Huixing: Das chinesische Zivilrecht: Sein gegenwärtiger Zustand und der Erlass eines Zivilgesetzbuches, AcP (194) 1994, S. 479 ff.
ders.: Die Rezeption ausländischen Zivilrechts in China, Newsletter der Deutsch-Chinesischen Juristenvereinigung e.V., Heft 2/2003, S. 68 ff.
Lin, Pen-Tien: Vergeiselung und dingliche Sicherungsrechte im chinesischen traditionellen Privatrecht, Dissertation, München 1976
Lone, Liang: Die Entwicklung des Rechtswesens in China in den letzten 30 Jahren, Sinica (VI) 1931, S. 199 ff.
Looschelders, Dirk: Schuldrecht Besonderer Teil, 8. Auflage, München 2013
Lorenz, Stephan: Innenverhältnis und Leistungsbeziehungen bei der Bürgschaft, JuS 1999, S. 1145 ff.
Lwowski, Hans-Jürgen: Das Recht der Kreditsicherung, 9. Auflage, Berlin 2011
Lwowski, Hans-Jürgen/Merkel, Helmut: Kreditsicherheiten, Grundzüge für die Praxis, 8. Auflage, Berlin 2003
Malzer, Hans Michael: Zivilrechtliche Form und prozessuale Qualität der digitalen Signatur nach dem Signaturgesetz, DNotZ 1998, S. 96 ff.
Manthe, Ulrich: Die Rechtsentwicklung Chinas im 20. Jahrhundert Berliner China-Hefte Nr. 22 Mai 2002, S. 3 ff.
Marutschke, Hans Peter: Einführung in das japanische Recht, München 1999
Medicus, Dieter: Allgemeiner Teil des BGB, 10. Auflage, Heidelberg 2010

ders.: Durchblick: Die Akzessorietät im Zivilrecht, JuS 1971, S. 497 ff.
Medicus, Dieter/Lorenz, Stephan: Schuldrecht II, Besonderer Teil, 15. Auflage, München 2010
Mi, Jian: Die chinesische traditionelle Kultur und das gegenwärtige Rechtssystem, ZfRV (30) 1989, S. 24 ff.
Müller, Claus Michael: Die Bürgschaft, Eine betriebswirtschaftliche Analyse, Dissertation, Köln 1978
Münchener Kommentar zum Bürgerlichen Gesetzbuch (Hrsg. Säcker, Franz Jürgen/Rixecker, Roland): Allgemeiner Teil, 6. Auflage, München 2012; Schuldrecht Besonderer Teil III, 5. Auflage, München 2009 (zitiert: MüKo/Bearbeiter)
Münchener Kommentar zum Handelsgesetzbuch (Hrsg. Schmidt, Karsten): Band 5, 2. Auflage, München 2009 (zitiert: MüKo HGB/Bearbeiter)
Münzel, Frank/Zheng, Xiaoqing: Chinas neues Vertragsrecht - ein Überblick, RIW 1999, S. 641 ff.
Nobbe, Gerd/Kirchhof, Hans-Peter: Bürgschaften und Mithaftungsübernahmen finanziell überforderter Personen, BKR 2001, S. 5 ff.
Osterhammel, Jürgen: China und die Weltgesellschaft. Vom 18. Jahrhundert bis in unsere Zeit, München 1989
Palandt, Otto (Hrsg. Bassenge, Peter/et al.): Bürgerliches Gesetzbuch, 72. Auflage, München 2013 (zitiert: Palandt/Bearbeiter)
Paulus, Christoph: Grundfragen des Kreditsicherungsrechts, JuS 1995, S. 185 ff.
Pottschmidt, Günter/Rohr, Ulrich: Kreditsicherungsrecht, 4. Auflage, München 1992
Prütting, Hans/Wegen, Gerhard/Weinreich, Gerd: BGB Kommentar, 7. Auflage, Köln 2012 (zitiert: Prütting/Wegen/Weinreich/Bearbeiter)
Reichel, Hans: Die Schuldmitübernahme, München 1909
Reifner, Udo: Die Mitwirkung der Ehefrau im Bankkredit - Bürgschaft und Gesamtschuld im Kreditsicherungsrecht, ZIP 1990, S. 427 ff.
ders.: Handbuch des Kreditrechts, Verbraucherkredit und Realkredit,

München 1991
Reinicke, Dietrich: Bürgschaft und Gesamtschuld, NJW 1966, S. 2141 ff.
ders.: Die Verzinsung der Rückgriffsforderungen eines Bürgen, DB 1967, S. 847 ff.
Reinicke, Dietrich/Tiedtke, Klaus: Kreditsicherung, 5. Auflage, Würzburg 2006 (zitiert: Reinicke/Tiedtke, Kreditsicherung)
dies.: Bürgschaftsrecht, 3. Auflage, Würzburg 2008 (zitiert: Reinicke/Tiedtke, Bürgschaftsrecht)
Reiß, Jürgen: Die Bürgschaft im deutsch-italienischen Rechtsverkehr, Dissertation, Heidelberg 2003
Riehm, Thomas: Aktuelle Fälle zum Bürgschaftsrecht, JuS 2000, S. 241 ff.
Riemenschneider, Jakob: Das Darlehensrecht der Volksrepublik China, Berlin 2008
Scheil, Jörg Michael/Gargulla, Tanja/Schröder, Christopf/Riemenschneider, Jakob: Vertragsgesetz der Volksrepublik China, Hamburg 1999
Schlösser, Daniel: Die Hemmung der Verjährung des Bürgschaftsanspruchs nach neuem Schuldrecht, NJW 2006, S. 645 ff.
Schmidt, Christoph: Die sogenannte Akzessorietät der Bürgschaft: ein Beitrag zur Lehre vom Rechtsgrund beim Verpflichtungsgeschäft, Dissertation, Mainz 1999
Schmolke, Klaus Ulrich: Grundfälle zum Bürgschaftsrecht, JuS 2009, S. 585 ff.
Schnabl, Daniel: Kehrtwende der Rechtsprechung zu sittenwidrigen Bürgschaftsverträgen?, WM 2006, S. 706 ff.
Scholz, Hellmut/Lwowski, Hans-Jürgen: Das Recht der Kreditsicherung, 8. Auflage, Berlin 2000
Schreiber, Christoph: Die Verteidigungsmittel des Bürgen, Jura 2007, S. 730 ff.
Schulze, Reiner: Der Einfluss des BGB in China, Beiträge Liechten-

stein-Institut Nr. 29/2005, Elisabeth Berger, Rechtstransfer durch Zivilgesetzbücher, S. 45 ff.
Senger, Harro von: Einführung in das chinesische Recht, München 1994 (zitiert: Senger, Einführung in das chinesische Recht)
ders.: Japans drei Rechtsrezeptionen, ZfRV (17) 1976, S. 206 ff.
Shao, Jiandong: Die Rezeption des deutschen Zivilrechts im alten China, JZ 1999, S. 80 ff.
Shi, Ping: Die Prinzipien des chinesischen Vertragsrechts, Dissertation, Gießen 2003
Soergel, Hans Theodor (Hrsg. Siebert, Wolfgang/et al.): Bürgerliches Gesetzbuch mit Einführungsgesetz und Nebengesetzen, Band 5/3, Schuldrecht 3/3 (§§ 328-432), 13. Auflage, Stuttgart 2010; Band 5/1, Schuldrecht IV/1 (§§ 705-822), 12. Auflage, Stuttgart 2007 (zitiert: Soergel/Bearbeiter)
Staiger, Brunhild: Länderbericht China: Geschichte, Politik, Wirtschaft, Gesellschaft, Kultur, Wissenschaftliche Buchgesellschaft, Darmstadt 2000
Staudinger, Julius von (Hrsg. Horn, Norbert): Kommentar zum Bürgerlichen Gesetzbuch mit Einführungsgesetz und Nebengesetzen, Zweites Buch: Recht der Schuldverhältnisse, §§ 765-778, Neubearbeitung 2013, Berlin 2013 (zitiert: Staudinger/Bearbeiter)
Tetz, Stefanie: Das Neue Technologie - Vertragsgesetz der VR China, RIW 1988, S. 851 ff.
Tiedtke, Klaus: Die Rechtsprechung des Bundesgerichtshofs zum Bürgschaftsrecht seit 1980, ZIP 1986, S. 69 ff.
ders.: Die Rechtsprechung des Bundesgerichtshofs zur Anwendung des AGB-Gesetzes im Bürgschaftsrecht seit 1980, ZIP 1986, S. 150 ff.
ders.: Aus dem Hauptschuldverhältnis abgeleitete und eigene Einreden des Bürgen, JZ 2006, S. 940 ff.
ders.: Ausgleichsansprüche des Bürgen gegen andere Sicherungsgeber, DNotZ 1993, S. 291 ff.

Tonner, Martin: Sittenwidrigkeit von Ehegattenbürgschaften BGH, NJW 1999, 58, JuS 2000, S. 17 ff.
ders.: Neues zur Sittenwidrigkeit von Ehegattenbürgschaften - BGHZ 151, 34, und BGH, NJW 2002, 2230, JuS 2003, S. 325 ff.
Wagenknecht, Claus-Rainer: Rechtsgrenzen der Ausgestaltung von Bürgschaftsverträgen, Dissertation, Bremen 1996
Wang, Weida: Die Rolle des Wirtschaftsverwaltungsrecht für die ökonomische Entwicklung der VR China im Vergleich zur Bundesrepublik Deutschland: zur Funktion des Wirtschaftsverwaltungsrechts als Steuerungsinstrument, Speyer 1993
Wang, Yanfeng: Die „Allgemeinen Grundsätze des Zivilrechts der V. R. China" vom 1.1.1987 und das Bürgerliche Gesetzbuch der Bundesrepublik Deutschland: Eine rechtsvergleichende Untersuchung, Dissertation, Münster 1989
Wang, Zejian: Aufnahme europäischen Rechts in China, AcP (166) 1966, S. 343 ff.
Weber, Hansjörg: Kreditsicherungsrecht, 9. Auflage, München 2012
Weizel, Jürgen: Die Bürgschaft, JuS 1981, S. 112 ff.
Westerkamp, Wilhelm: Bürgschaft und Schuldbeitritt, Berlin 1908
Westermann, Harm Peter: Die Bürgschaft (I), Jura 1991, S. 449 ff.
Wieacker, Franz: Bodenrecht, Hamburg 1938
Wochner, Manfred: Die neue Schuldknechtschaft, BB 1989, S. 1354 ff.
Zhou, Lujia: Zur Rezeption des „inneren Systems" des deutschen Privatrechts in der Volksrepublik China, Verlag Peter Lang, Frankfurt a. M. 1998
Zweigert, Konrad/Kötz, Hein: Einführung in die Rechtsvergleichung auf dem Gebiete des Privatrechts, 3. Auflage, Tübingen 1996
Zimmermann, Reinhard: Die Einrede der Aufrechenbarkeit nach § 770 II BGB, JR 1979, S. 495 ff.